教師を目指すあなたに

教職って?
学校って?

学生の質問に答える

有道雅信

関西学院大学出版会

はじめに

　「教師に一番必要なことは何ですか」「モンスター・ペアレントは恐ろしいですか」学生は実にさまざまな質問をしてきます。ほとんどが教育に関する内容ですが、私的なことから景気の動向まで多岐にわたっています。
　私は教職課程の授業において学生の質問に答えています。教師とは、学校とは等、教師として知っておくべきこと、身に付けておくべきことを少しでも理解してほしいと思うからです。学生は学校や教育をよく知っていますが、それは教えられる立場からの見方であり、教える立場から教育を捉えることは教職を志望する学生でも難しいことです。
　多かった質問はいじめや保護者についてでした。これらの問題は社会的関心が高いこと、何より自分が教師になった時、はたして対応できるかという不安によるものだと思います。
　現在は教育基本法や学校教育法が改正され、学習指導要領が改訂される大きな変革期であります。「ゆとり」から「学力」へ、保護者や地域の人も参画する学校評価の導入など学校の環境が大きく変わって教師の意識改革が求められる時代であり、こうした時代の変化に対応した指導力が必要となっています。私は現場を経験した者として、教師を目指す学生に学校観や教育観を伝えてきました。
　学生の質問には、こんなことも知らないのかという内容もありましたが、本質をついたものも多く、私はどのような質問にも答えてきました。その中で感じたことは、学生は聞きたいことをいっぱい持っている、教師に答えてもらいたがっているということです。そこで、改めて学生に伝えた内容を補強して教職を目指す人へのガイダンスとなるようまとめました。これらの回答が教育に関心がある人にとって教育や教師理解につながり、不安解消の一助になれば幸いです。

目　次

1　教　職　教師という職業は死ぬまで「先生」と言われる類まれな職業です。　1
やりがい／教師に必要な能力／教職志望動機／教職

2　採用試験　採用試験は勉強しないと通りません。　8
採用試験／教師の給料

3　教育実習　教育実習では生徒から「先生」と呼ばれます。　18
教育実習／介護等体験／教職に向けての経験

4　指　導　力　指導力は自分で磨こう。　20
指導力／研修／ロールプレイング／コミュニケーション能力

5　学習指導要領　日本全国どこの学校も学習指導要領により教育を行います。　29
学習指導要領／生きる力／人間力／教師力／社会人基礎力
総合的な学習の時間／国歌

6　生徒指導　自分を律することができる自立した人間を育てる。　42
懲戒／規範意識／問題行動への指導／ゼロトレランス／出席停止

7　体　　罰　愛情を持って叩いてもそれは体罰です。　52
体罰

8　生き方に迫る指導　あなたは生徒をどのような人に育てたいですか。　60
生き方に迫る指導／指導一般

9　叱　る　「怒る」と「叱る」は違います。　69
叱り方・効果的な指導／制服指導／三ない運動

10　携帯電話　電子媒体は人間関係を変えます。　74
携帯電話／ネット／仮想現実

11	**いじめ**　いじめはどの子にもどこの学校にも起こり得るものです。	76
	いじめ／自殺／不登校／虐待	

12	**生徒理解**　生徒理解にはコーチングの手法も有効です。	87
	生徒理解／教育相談／カウンセリング／コーチング	

13	**特別支援教育**　明るく　元気に　生き生きと。	94
	発達障害／特別支援教育	

14	**指導体制**　学校の組織運営においては報告・連絡・相談が不可欠です。	99
	連携／共通理解／記録	

15	**特別活動**　生きる力をはぐくむには特別活動が絶好の機会です。	103
	学校行事／修学旅行／体験活動	

16	**部活動**　できれば部活動はやっておきたいものです。	109
	部活動／部活動手当	

17	**担任**　生徒が生き生きと活動するクラスは教師冥利につきます。	114
	担任	

18	**教科指導**　魅力ある授業をする教師は魅力ある教師です。	122
	教科指導／教科指導へのさまざまな工夫／教育一般	

19	**進路指導**　進路指導は進学・就職の結果を出すものだけではありません。	132
	進路指導／プレゼンテーション能力／インターンシップ	

20	**保護者**　学校と保護者は車の両輪です。	140
	保護者　モンスター・ペアレント／保護者との連携／家庭訪問／子育て	

21 連携・危機管理　今や学校が一人頑張るときでなく関係機関との連携が不可欠です。　150
連携／危機管理

22 学校は多忙　ゆとり教育になっても教師にゆとりができたわけではありませんでした。　154
多忙／精神疾患／教師の喫煙

23 学校経営　創る学校像、育てる生徒像を持って進化する学校を創る。　159
創る学校像・学校づくり／校長の力／民間人校長／学校組織／学校評価地域／問題教師／マスコミ

索　引　174

おわりに　178

1 教職

教師という職業は死ぬまで「先生」と言われる類まれな職業です。

　先年、まもなく50歳になる教え子がクラスの同窓会で還暦のお祝いとして赤いカーディガンをくれました。たいへん嬉しかったです。呼んでくれたことへのささやかなお返しとして、この時は彼らの学級日誌を持って行きました。表紙が破れかけて紙も劣化しているのですが、順番に回して実に懐かしそうに見ていました。20歳代の頼りない担任で何ほどのこともしてやれなかったと思っていますが、3年間クラス替えをせずに持ち上がったため結束力が強く、毎回担任を呼んで20人以上の出席者があります。男子が修学旅行で集団飲酒をして面倒をかけたクラスで、同窓会ではこの事件が必ず話題に上がります。卒業して30年、この時はどの顔も高校生に戻っていましたが、その風貌にはそれぞれが歩んできた人生が表れていました。

　教師は大学を出てすぐに「先生」と呼ばれる職業です。大学同期の人たちが新人研修を受けている4月早々、教職に就いた人はすでに「先生」です。そんなに早く最前線に出してよいのかとの素朴な疑問があります。プロ野球でも一軍登録される新人選手は少数です。即戦力とならなければいけない教師には高い専門性と責任が求められます。

　子どもを育んでいく中で成長を確認し、社会に出て活躍する姿を見るのは楽しくやりがいのある営みです。同時に生身の多数の人間を相手にしていくことには難しさがあります。

▼やりがい

Q　教師をしていて一番やりがいがあると感じる時はどんな時ですか。

　生徒が成長したと実感できる時です。また生徒が真剣に取り組んでいる姿を見ることです。後述しているようにクラスの生徒が自主的にさまざまな活動をした時、たとえば、問題を抱える生徒、自分のことしか関心がな

かった生徒たちが行事に主体的・積極的に関与してクラスがまとまった時、成長を実感します。

▼教師に必要な能力

> Q 教師に一番必要なことは何ですか。
> Q 必要な能力が一つでも欠けている人は、教師になった時、他の人より苦労しますか。

「志」です。教師には「志」が一番必要です。

能力は身に付いたものであると同時に努力で補えます。努力は高い志（教師になって次の世代を担う人間を育てたい）と意欲（困難なことがあるのは当然。真剣に向き合って投げ出さない）によってできるものです。努力を積み重ねて教師力を高めていきます。

> Q 教師に必要な能力を実務と人間性の面で３つずつ教えてください。

実務では、教科指導力、生徒指導力、人間関係力。
人間性では、人間力、情熱、責任感。
実際の教育現場では教科を教える力はもちろん、生徒を相手にしますから人間としての力が不可欠です。生育歴や生活実態がそれぞれ違う生徒に対応できる力が必要です。そして強調しておきたいことは、胆力、つまり、ものに臆せぬ気力がいるということです。最近の教育現場は複雑かつ多様化していますので、困難に遭遇した時、昔は求められなかった力が必要になっています。

> Q 教師の中で一番大変な仕事は何ですか。また教師として最も大事にしていることは何ですか。

大変なのも大事にしていることも、情熱をもって分かる授業をすることです。教えることは知識があれば簡単にできるものではありません。教材

として何が適切か、どのような指導法がよいか、生徒の反応はどうか、学力はどれだけ定着するか、他の教師と協調してやれるか、1時間1時間が真剣勝負です。

> Q 教職に対する強い情熱というのが、漠然としていてよく分かりませんでした。
> Q 教職に対する熱い情熱というのは、どの程度のものなのですか。熱すぎる先生は嫌われている例もあるので。

　生徒は教師が時間を消化する程度に教えているか、分からせようという意思をもって教えているか見抜きます。授業中に配るプリント1枚にもそれは表れます。教材研究を十分にして生徒が分かる授業を組み立てるか、生徒を理解するために個人面談を密にするか、部活動ではともに汗をかくか、このようなことに情熱は発揮されます。学年の行事を企画立案する仕事も情熱を傾注するかどうかによって内容が変わってきます。激した行動をとる教師ばかりでなく静かに情熱を込める者もいます。

> Q 教師の仕事は勉強を教える以外のことのほうが重要になるのではないでしょうか。

　児童・生徒は一日のうちの大半を学習に割いているわけですから勉強は当然大事です。教科指導力が軽視されてよいということには、これからも絶対になりません。しかし現在の学校の仕事は多岐にわたっています。生徒が校外で問題を起こしたとの連絡が入れば現場に急行し、保護者から苦情の電話があれば丁寧に対応しなければいけません。またメールによるいじめがあれば、生徒を励まし発信元を探すこともしなければいけません。どれも大事な仕事です。しかし、やはり授業は重要です。

> Q 先生になった後も真面目に勉強する人はあまり多くないと聞きますが、どうなのでしょうか。

教師にとっての勉強とは、自分のための勉強でなく教えるための勉強です。知識を持っているだけでなくどのように教えるかも含めた勉強です。退職するまで勉強は続きます。

　勉強の意味が大学での研究の延長ということでしたら、教育活動のかたわら専門の研究をすることは勤務時間中には無理です。私は研究はできませんでしたが、専門教科関係の学会に所属することだけはしてきました。

▼教職志望動機

Q　教師がどれだけきつい職業かは先生から聞きましたが、なぜ先生は教師になろうとしたのですか。先生は私たちの年代の時、教師になるつもりはありましたか。
Q　学生の時、教師になることに不安はありませんでしたか。
Q　今、教師としての自分を支えているものは何ですか。

　両親が教員であったためもあってか、大学2回生までは教師になるつもりはありませんでした。教育学部ではありませんでしたが、3回生になって教職科目を履修するようになり、教育原理のパワー溢れる先生の授業に接して、教師もいいかなと思い始めました。また、会社に就職して利潤を追求する仕事に組み込まれるより、人を育てる仕事のほうがずっと価値があると思って教職を具体的に考えるようになりました。浅薄な考えでしたが志は持っていたつもりです。学生時代には後に経験する困難を知らなかったので、教師になることへの不安はまったくなかったです。教職に就いてから苦労は多々ありましたが、人を育てるという仕事に関わったとの自負心はあります。これまでも今も、知識を伝授し生き方を説くことによって生徒・学生が育っていく姿を見るのは教師としての大きな支えです。

▼教職

Q　先生は現在教師になってよかったと思っていますか。その理由もぜひ教えてください。

> Q 先生が教師をしていてよかったと思えたこと、教師をしていく自信をなくしたことがありますか。

　教師になったことへの後悔はありません。生徒が生き生きと学校生活を送っている時、送り出した生徒が社会に出て活躍している姿に接する時、よかったと無意識ですが思っているのでしょう。
　自信をなくしたことはありました。入職3年目に学校が荒れた時は辞めようと思いました。この頃は大学紛争から派生してきたとも言える荒れが高校でも起こりました。兵庫県でも非常に多くの高校が荒れ、各学校それぞれにさまざまな形で高校紛争が起こりました。自分の無力を思い知らされました。平時に格好をつけたことを言っていても、非常時には人間の生地が丸出しになり無様なものでした。

> Q 新任の時、悩んだことはありますか。
> Q 先生の初任校は平和な学校でしたか。それとも荒れた学校でしたか。

　前述のとおり平和ではありませんでした。さまざまなことがありました。授業に入らず、青竹を持って闊歩する生徒が爆竹を鳴らして騒ぐさまは「学校」と言えるものではありませんでした。生徒をどのように指導していけばよいのか、また、教職を続けていくことができるか悩みました。この時、学校が崩れるのは1ヵ月もかからない、1～2週間で大きく崩れていくことを体感しました。これを立て直すのには3年の期間と多くの教師の情熱と労力が必要でした。

> Q 教師になって一番困ったことは何ですか。

　前述の初任の時、自分の力のなさを実感したことでした。今様に言うと教師力・人間力の欠如を感じた時です。それは教科指導力でなく担任としての指導力、教育活動を行う力の不足でした。授業が始まっても教室に入らず、1人の教師を10人ほどで宿直室に閉じ込め、「生徒をちゃんとさせるのが教師の仕事だろう」と叫ぶちゃんとしていない生徒を指導しきれま

せんでした。荒れていく学校、授業が成り立たないクラスに一人ではなす術がありませんでした。

> Q 教職に就いて1年目にありがちな失敗や苦労を教えてください。
> Q 大卒でいきなり担任をまかされることが中・高でもざらにあるということに驚いたのですが、新任が担任になって実際に生徒が本当についてきてくれるのかなと思います。

1年目は教科指導では知っていることを全部教えたがる傾向があることです。また、強がりを言いたい、失敗を隠したい、指導力に欠ける、なども一般的傾向としてあります。

指導内容の全体像を掴んでから毎時間の授業を組み立てなければいけませんが、枝葉末節に目がいき幹を捉えて膨らませることができない、生徒の主体的な学びがないため一人よがりで学力として定着しないなど失敗や苦労はキリがありません。失敗や間違いに真摯に向き合う謙虚さ、先輩教師に相談し教えを乞う謙虚さが必要です。

文部科学省調査では、初任者研修者で担任をしている人は、平成20年度において、小学校96.0％、中学校54.4％、高等学校12.0％、特別支援学校63.6％です。

新任の担任でも生徒はついてきます。若いことは魅力です。プロとしての使命感、情熱、志があれば若いエネルギーについてきます。

> Q 教職に対する情熱とはどのようなものか、具体的に例をあげてほしかった。また、体育会系の教師はかなり重要だと思うのですが先生はどう考えますか。

クラスでも部活動でも勉強でも生徒に積極的に関わる、それが情熱です。校務分掌においても生徒のため学校のために力をつくすのが情熱です。体育会系を運動部で活動した人と捉えて述べますと、体力がある、練習に耐えた我慢強さがある、メリハリのある大きな声が出せる、行動的で情熱的であるなどがあげられます。こうした資質は学校にとっての財産で

す。情熱をもって学校を牽引してくれることを期待します。ただそれが力に頼った指導をする武闘派・体罰派と烙印されるものであってはいけません。部活動に熱心な教師のなかに自己陶酔型の人がいるのを見ることがありますが、教育は教師がパフォーマンスするためのものではなく、生徒の自己実現を目指すものです。

▶参考資料

初任での苦労や不安などの質問がありましたが、学校現場は厳しいと捉える初任者がいるというデータを示しておきます。脅しでなく現実直視が必要だとのメッセージです。

国公立学校教員は1年間条件付採用で初任者研修を受けますが、1年後にどうなったかのデータです（文部科学省調査）。

(人)

	H15	H16	H17	H18	H19	H20
不採用	1	7	2	4	1	4
依願退職	107	172	198	281	293	304
うち不採用決定者	(10)	(15)	(16)	(14)	(12)	(10)
うち病気による者	(10)	(61)	(65)	(84)	(103)	(93)
死亡退職	1	5	6	5	5	2
免職	2	7	3	5	2	5
合計	111	191	209	295	301	315
全採用者数	18,107	19,565	20,862	21,702	21,734	23,920

平成20年度は88人が精神疾患を理由に退職（文科省「イメージと現実とのギャップで自信を喪失し、うつ病などになるケースがある」）

2 採用試験

採用試験は勉強しないと通りません。

　採用試験は資格試験でなく選考試験です。早期に取り掛かり、万全の準備が必要です。

　私は準備が不十分だったため採用試験は一度で合格しませんでした。大学在学中はもちろん卒業１年目も真剣味がなく、２年目になりやっと本格的に試験勉強をしました。甘かったです。大学の説明会や各教育委員会が実施する説明会に出席し、試験の内容や必要なことを掴んで準備は３回生から必要です。専門教科は満点を取れる自信がつくほどの勉強が要ります。最近は人物が重視されていますから、幅広い常識と人間力の高揚に努め、面接や場面指導にも対応できる力をつけておかねばなりません。場面指導では模擬授業だけでなくロールプレイングを課す場合がありますからそれらの準備も必要です。

　学校現場は志と意欲がある実力を備えた教師を求めています。

▼採用試験

Q　先生はいつから採用試験の勉強を始められたのですか。いつからどのようにやればよいですか。

　県の採用試験には一度では通らず２年間講師をしました。採用試験の勉強をしなかったからです。現場で役にも立たない教職教養の丸暗記などできるか、自分は現職の先生よりやる気・資質とも優れている、なんでこんな自分を採用しないのかという気持ちだったのです。なんという驕りだったでしょう。現実は甘くなかったです。勉強をしないと採用試験に通りませんでした。３回生から準備すべきです。４回生からでは遅いです。まず試験がどのようなものかを掴んだ上で具体的な勉強を進めていくことです。

　その参考資料として、平成23年度大阪府公立学校教員採用選考テストの選考基準としてあげられている〈主な評価の観点〉の一部を紹介してお

きます。

□一般・教職教養　択一式テスト
・教員として必要な一般教養を習得しているか
・教育法規などの教職教養を習得しているか

□小論文
・社会的な背景や課題を把握しているか
・経験に基づき具体的でありかつ独善的でない内容を論理的に記述しているか

□集団面接
・社会人として望ましい態度であるか
・望ましい対人関係を築ける資質を備えているか

□集団面接（集団討論を含む場合）
・良好な人間関係を築けるコミュニケーション能力があるか
・課題の主旨を正しく理解し、課題解決に対する積極性があるか

□個人面接
・教育を取り巻く状況や課題を理解しているか
・教職について理解し、意欲をもって取り組む姿勢はあるか
・教員としてふさわしい実践的なコミュニケーション能力を備えているか

　以上ですが、これを見ると求められているのが何かが分かります。
　採用試験のための直接の勉強ではありませんが、教職を目指す人を対象に『大阪教志セミナー（大阪府教育委員会）』『京都教師塾（京都市教育委員会）』など、教育委員会が行っている講習があります。たいへん役立つものだと思います。他地域については自分で調べてください。また民間の試験対策セミナーも多数ありますが、こちらはかなりのお金が要るようです。ネットで調べてみてください。
　まず大学でのガイダンスをしっかり聞くことです。

Q　私は教育実習が10月にあるので、採用試験で実習に関することが出ないか心配しています。大丈夫でしょうか。

面接で「実習はどうでしたか」と問われることはあり得るでしょうが、していない場合は「まだしていません」と答えるしかありません。それが減点対象にはなりません。教えることを身をもって体験していないことがなんらかのハンディになるかもしれませんが、教育実習の内容や厳しさを十分学習しておけば克服できるでしょう。中学校などが募集する学習支援ボランティアを経験しておくと不安解消に役立ちます。

> Q 教員採用試験はどこの都道府県で受けてもよいのですか。
> Q 講師としてどこかの県で採用され働いた後に採用試験に合格した場合その県に採用されるのが普通ですか。

　教員採用試験は都道府県や指定都市の教育委員会が実施しており、どこでも出願できます。1次試験はすべて7月に実施されていますが、試験日が重なるところが多いです。早めに教育委員会ホームページで募集要項などを確認し、大学にある資料、赤本などから情報を得ることです。試験内容・試験方法はそれぞれ違いますし、複数の免許を所持していることが受験資格になっている科目もありますから、よく調べて受験しようと思う教育委員会に向けた対策を練ることが大事です。

　どこで講師をしていようが、採用は採用試験に合格した県・市です。A県で講師をしていたがB県の採用試験に合格した場合、A県での採用はありません。

　なお、講師経験者に対する試験免除をしている教育委員会がありますので、兵庫県と大阪府の平成23年度教員採用試験要項から講師経験者に対する一部試験免除の例を紹介しておきます。これは抜粋ですので詳細は要項で必ず確認してください。

兵庫県：過去の第1次試験合格者に対する第1次選考試験免除
　平成19年度または平成20年度実施の本県教員採用試験において第1次筆答試験を受験し第1次選考試験に合格した者で、平成20年4月1日から平成22年3月31日間の間に、兵庫県内公立学校（ただし、神戸市立学校を除く）において、①常勤の臨時講師として1年以上の勤務経験を有

する者、または、兵庫県教育委員会任用の非常勤の講師として1年以上、②正規の勤務時間（週38時間45分）の半分以上勤務、あるいは、③週12時間以上授業を担当する者

大阪府：常勤講師経験者選考で試験の一部免除

平成20年4月1日から平成22年3月31日までの間に大阪府内の公立学校（国立大学法人附属学校を除く）における講師又は養護助教諭としての勤務経験（非常勤の経験は含まない）がある人で、その勤務経験が平成22年3月31日までに通算5年以上あること。

Q 私の中学校の時の男の先生は35才で講師でした。その先生は担任も部活動ももっていて、2教科担当していました。すごく頑張っている先生なのに教諭より待遇が悪いのはひどいと思っていました。そういうことはよくあるのですか。

Q 教師になるにはまず講師になって採用試験に受かるという順番なのだと思っていましたが、講師になるのも倍率が高く難しいのですか。

Q 「とりあえず非常勤」という風潮があるように感じるのですが、非常勤講師にはなりやすいのでしょうか。

　講師にも常勤講師と非常勤講師（時間講師）があります。講師として頑張っていても教諭になれるというものではありません。採用試験に通らないとだめです。なお部活動は、教諭も常勤講師も全員担当します。常勤講師が担任をすることもあります。年度当初からの講師任用はもちろんありますが、産休・育休・病休などは年度初めでなく教師が休んだ時にその裏づけ教員として必要とされます。

　時間講師はかなりありますが、常勤講師（兵庫県では臨時講師といっています）はなかなかなれません。教科にもよります。教育課程の変わり目などで先生が不足する教科と余る教科があったりもします。とにかく現役合格を目指し今から必死で頑張ることです。

　講師は教育委員会に登録をして採用の連絡を待つのですが、高等学校が大学に直接求人をする場合もありますから、大学の教職センターと連絡を密にすることです。

Q 大卒後すぐに中学・高校の教職試験に通るのは難しいですか。

　合格している人も結構います。難関ではありますが、超難関ではありません。文部科学省が毎年、教員採用試験の実施状況をとりまとめていますが（毎年の『教育委員会月報12月号』）、それによりますと平成21年度選考試験（平成20年実施）の受験者のうち新規学卒者は中学校で29.2％、高等学校で25.4％、採用者のうち新規学卒者は中学校で26.7％、高等学校で19.2％です。さまざまな情報は教育委員会のホームページや赤本で調べてみてください。

　なお試験の倍率は、大都市では特に小学校の倍率が低くなっています。これは大量採用時の教員が退職しているためです。この状況はしばらく続いていくでしょう。

Q 私は中学校か高校どちらの教員になろうか迷っています。現場から見て高校教員のいいところ悪いところを、主観で結構ですので教えてください。
Q 今でも中・高のどちらの先生になろうかと悩んでいます。早く決めたほうがいいですか。どちらがおすすめですか。

　中学校のほうがなりやすいと思います。高等学校のほうが専門性が高く、教科の内容は大学受験問題まであり中学校より高度です。担当授業時数は中学校のほうが多く、生徒の発達段階が違います。中学生は子どもでもなく大人でもなく、高校生の会話内容は大人のレベルですが、対話が楽しい反面こちらの底を見透かされることもあります。また、中学校は問題行動に対して停学・謹慎等はありませんが、高校は反面からいうとその指導をしなければいけません。多くの学校は中学校のほうが小規模で、そのぶん一人の仕事量が多くなります。これは私の主観ですが、中学校と高等学校では教師の学校文化が違います。

　準備を早くするためにも中学校にするか高等学校にするかは早く決めたほうがよいです。先輩の意見も参考にするとよいでしょう。インターンシップを経験することも決定の判断材料となります。

Q 大学院に行きたいのですが「教員採用試験」は受けなければならないのですか。またその試験に受かっても、断ることはできるのですか。
Q 採用試験での院とのかけもちは他県でも実施されているのですか。

　たとえば平成23年度兵庫県公立学校教員採用候補者選考試験実施要項では『大学院修士課程に在学又は大学院修士課程に進学する第2次試験合格者の採用時の特例扱いについて』として
　「専修免許状を取得できる大学院修士課程に今年度進学した者もしくは来年度進学する者であって、修士課程終了を希望する者に対して、最大2年間、採用を猶予します（今年度大学院に進学した者は1年間、来年度進学する者は2年間）。また、教職大学院の教職修士課程についても、大学院修士課程と同様の取り扱いとします。」とあります。
　したがって大学院進学と教員採用試験のどちらを目指そうかと悩んでいた人は、両方を受験し、両方とも合格したらどちらも生かせることになりました。つまり、大学院に行っても採用試験の合格辞退をする必要はありません。
　大阪府では、『大学院進(在)学者対象の選考』として、
・平成21年度大阪府・堺市公立学校教員採用選考テスト（以下「H21テスト」という。）又はH22テストに合格後、大学院進(在)学を理由として大阪府教育委員会に申出書を提出し、採用を辞退していること。
・平成22年度中に大学院修士課程を修了すること。
・平成23年4月1日までにH21テスト又はH22テストで合格した校種教科の専修免許状が取得できること
　とあります。
　資格要件などの詳細はこのほかにもありますから、試験要項・案内で必ず確認してください。
　他の教育委員会についてはそれぞれの選考試験実施要項等で情報を入手してください。

Q 理科は比較的教員になりやすいと聞いたのですが、本当ですか。

平成21年度兵庫県採用試験理科の倍率は、中学校4.2倍、高等学校9.7倍でした。22年度は中学校3.1倍、高等学校9.6倍でした。中学校は低い倍率になっていますが、この採用状況がいつまで続くか分かりません。高校は依然として高倍率です。

このように選考試験要項・案内を見ると教科ごとの過去の倍率が掲載されていることがありますので参考になります。理科や地理歴史などで科目ごとの選考があるところでは科目ごとの倍率を見てください。なお高等学校の理科や地理歴史などは、自分の専門は「化学」とか「日本史」であっても免許は「理科」や「地理歴史」という教科のものですから、実際に学校では専門でない科目を担当しなければいけないことがあります。

教科や科目によっては募集がないものがありますから情報を早くキャッチする必要があります。

Q　英語を好きになって欲しいと思う一方で子どもが苦手です。このような場合、教員という職業は厳しいのでしょうか。

子どもにこうなって欲しいという願いがあることは、教師の資質としてたいへんよいことです。教材の展開を工夫して子どもを引きつける授業をしてください。子どもと接しているうちに子どもに愛着がわき、苦手意識は次第に克服されていくでしょう。ベタッと子どもにくっつくことがよいことではありません。英語を好きになって欲しいと思う志があればやっていけるでしょう。

Q　私は精神的な健康に不安があるのですが、教師になっても大丈夫でしょうか。

君がどのような状態であるか分かりませんので一般論を書きます。教師はデスクワークだけではありませんから健康・体力は不可欠です。心身の健康が求められます。初任時に自信を喪失し精神疾患を理由に退職した人がかなりいます。病気になると本人はもちろん生徒にも学校にも迷惑をかけます。今のうちにお医者さんに相談するなり自分を鍛えるなどして、慎

重に考えた上で決断してください。

> **Q** 僕は部活動をしていますが、やはり採用する側からすると、部活動をしているか・していないでは印象が違うものですか。

　部活動経験者のほうが印象がよいと思います。それは即戦力として部活動顧問に使え、人に言える体験を具体的に持っているからです。活動して獲得した技術や戦績だけでなく経験を通して得たもの、つまり体力・我慢・人間関係力などが貴重だからです。「16 部活動」で述べているとおり、私は大学では部長として交響楽団に全力を投入しました。全力で取り組んだことによって第1回定期演奏会を成功させましたが、強引な運営をしたとの批判を退任後に聞き挫折感も味わいました。そのどちらの体験も後に活きたと思っています。

　部活動未経験でも部活動以外での体験や特技などを述べることができれば印象はよいです。

> **Q** 教員免許を持っていることが、就活の邪魔になることがありますか。
> **Q** 教職の勉強と就活は両立可能ですか。

　免許所持が就職活動の邪魔をすることはないと思います。ただ、就職活動と採用試験という二足のわらじを履くと厳しい状況になることは確かです。就活しながら採用試験を目指す場合、就活しながら試験勉強をし、通常6月にある教育実習と重なり、大学での授業・卒論もあるという厳しい状況です。よく考えて決定することです。キャリアセンター、教職センター、先輩に聞くことを勧めます。

> **Q** もうすぐ模擬授業をするのでアドバイスが欲しいです。

　子どもに何を学ばせたいかをしっかり意識して臨むことです。自分が模擬授業をする気になって授業を聴き、また他の人の模擬授業を見て、自分自身も訓練の回数を重ねることが自信につながります。採用試験対策には

学生同士で勉強会をする等も効果的でしょう。

> **Q** 子どもたちの間で何が流行っているのかなど、流行に敏感である必要はありますか。

　子どもとのコミュニケーション・潤滑剤としていくらかのことは知っていてもいいでしょうが、迎合する必要はなく教師の主体性を発揮すればよいと考えます。子どもは流行にのる先生を親しみやすい先生と喜ぶでしょうが、高邁な話をしてくれる先生を慕うでしょう。

> **Q** 私の字は丸字でクセがあるのですが、教師として大丈夫だと思いますか。

　自覚しているなら直しましょう。教師でなくても社会人として適切な字を書かなければいけません。特に小学校教師は筆順も正しくないといけません。字のトレーニングの本が数多く出版されていますので、それらを利用して学生のうちに練習するとよいでしょう。

▼教師の給料

> **Q** 初任給はだいたいどのくらいですか。大卒と院卒とでは給与に違いはありますか。校長になると給料はよいのですか。

　兵庫県教育委員会の平成23年度募集案内では、大学卒初任給は給料月額194,708円、これに教職調整額＋地域手当＋義務教育等教員特別手当を加えた額は223,111円（平成22年4月1日現在）と記載されています。
　大阪府教育委員会の平成23年度募集案内では、初任給は、平成22年4月1日採用者で、大学卒業者が月額約220,000円、修士課程修了者が月額約250,000円です。これらの月額は、給料＋教職調整額＋地域手当＋義務教育等教員特別手当の合計額です。このように大卒と院卒ではどこでも違いがあります。院卒のほうがよくなっています。
　東京都の場合、教員採用候補者選考実施要綱では、平成22年4月1日

適用で大学卒が小学校、中学校、高等学校約241,000円、特別支援学校約260,000円です。

校長になるといくらか多くなりますが、世間が思っているほどではありません。重い責任にしては給料は少ないです。

Q　教諭は1日何時間労働ですか。

兵庫県は7時間45分です。勤務時間は都道府県の条例で定められますが、ほとんどのところが7時間45分になっているはずです。しかし残業は多く、その多さは文部科学省の調査でも明らかになっており、解決しなければならない課題です。教員の勤務の特殊性から残業手当は出ませんが、本俸の4％が時間外勤務手当相当として教職調整額が支給されています。

Q　夏休みなどに教師はどんな仕事をしているのですか。
Q　夏休みの間、部活動に出たりしない先生はどう過ごされているのでしょうか。

最近は夏季休業の期間を短縮している学校もありますが、多くの学校が7月いっぱいと8月下旬は補習をしています。夏季休業中を通して補習している学校や学年もあります。部活動はほぼ毎日行い、他校との練習試合や合宿をする部もあり、教師は当然指導・引率します。授業がないので研修の時間をとりやすく、1日あるいは半日まとまった研修の機会として活用します。校務分掌上の仕事、2学期への準備もします。日頃は代休もなかなかとれませんが、夏季休暇もありますから休める時は休みます。

Q　時間講師の給料はいくらくらいですか。
Q　主婦になった時、講師として働いている女性は多いですか。

時間給（参考：平成21年度2,790円）のほか、通勤手当が支給されます。実際に授業をした回数の講師手当が出ます。したがって夏休みなどは手当は出ません。

たとえば週6時間の時間講師なら、1ヵ月で2,790×6h×4週＝66,960円ほどの収入になります。

時間割上の制約がありますが、月・水・金はA校勤務、火・木はB校勤務のように複数校を掛け持ちして時間講師をすることは可能です。

主婦で講師をしている人は多数います。

教育実習

教育実習では生徒から「先生」と呼ばれます。

「学ぶ」と「教える」がこれだけ違うものかということを痛感するのが教育実習です。授業を受ける立場は教室でボーと座っていても時間が過ぎますが、学ばせるとなると教える力と分からせる力が要ります。学生として漠然と理解や記憶をしていたことを実習では正確に教えなければいけませんから、私はその際は教材研究にたいへん労力を費やしました。学生なら遅刻も欠席も自由ですが、実習では他の教員と同様に定刻に出勤して出勤簿に押印し、勝手に学校外に出ては行けず定刻まで勤務する毎日で、精神的にも疲れます。実習生であっても責任は重く間違ったことを教えてはいけませんし、他の教師と進度を合わせて効率のよい授業をしなければいけません。単に教育実習の単位を取るだけを目的とせず、積極的に学校を知り教職を知る機会にすれば、採用後、教壇に立った時に役立ちます。教育実習はたいへん手がかかるので受け入れる学校では歓迎されません。全力で実習をして迷惑を最小限にすることが大切です。

▼教育実習

> **Q** 教育実習生は教科指導の訓練以外に何を目標としたらいいのですか。
> **Q** 教育実習の話を聞いて、自分が来年行くことを考えて少しおそろしくなりました。それまでにしっかり実習生としての知識が必要だと思いました。

ガイダンスでしっかり聞いてください。学校は現実に何をしているかを体験することです。させられている意識で臨まず、どんなことからでも自分の財産になるものを掴む気持ちで実習することです。受け入れる学校側から言うと教育実習はこれほど面倒なものはなく、できることならやりたくないことです。それは、学生を教育するのは学校の仕事ではなく大学の仕事であると認識しているからであり、忙しい最中にその指導にあたらなければならない、さらには実習生の授業のフォローを後の授業でしなければならない、等々です。ですから真剣な態度で必死に実習をしなければなりません。教科指導内容の専門性、声の大きさを含めたプレゼン能力を備えるとともに、「働く」という意識を持つことが必要です。

Q 今まで受けた教職授業で、教育実習の実戦として役立つことはあるのでしょうか。

　受身でなく役立たせようという姿勢で授業に臨むことです。大学のカリキュラムでは授業時間が限られていて、資質からノウハウまでを網羅することはできません。まずは教科内容の力をつけることです。大学における教職課程には、現場の実践を大事にする立場と教育学を大事にする立場があります。私はそのどちらも大切であると考えます。即実践として役立つことばかりが力になるわけではありません。大学生のうちに教育の変遷、教育の本質などの知識を身に付け、教育に関するいろいろな意見を聞き、自分で考えるようにしておくべきです。

▼介護等体験

Q 介護実習に行かなければならないのですが、それはどういうことを目的（ねらい）にしているのですか。

　本学の履修案内では「介護等体験とは、障害者、高齢者に対する介護、介助、及び交流等の体験を言います。この介護等体験は小・中学校教員が個人の尊厳や社会連帯に対する認識を深め、資質の向上を図ることを趣旨

としています。」とあります。特別支援学校2日、施設5日の体験活動が基本です。障害児・者についてほんの少しでも体験的に理解をしておこうというものです。ほんの7日間ですが障害児・者にふれてその理解を図るとともに、教える立場になった時への備えをして欲しいと考えます。義務教育の免許取得者が対象です。

　特別支援学校に勤務したことがある者の立場から言いますと、教育実習と同様に真摯な態度で臨んで欲しいと思います。介護等体験は実習相手が圧倒的弱者ですので、その人たちを小ばかにするごとき態度は絶対にやめてください。実習が障害児・者の理解・啓発の一助になることを願うものです。

▼教職に向けての経験

> Q　能力を高めるには経験が必要と思います。教育実習の他にもっと直に教育現場にふれる機会が欲しいです。

　大学の掲示で学校が支援スタッフやボランティアを募集しているのを見たことはありませんか。多くの教育委員会や学校が人材を求めています。希望する校種と違っても現場に行けば得るものはあります。また前述のとおり、大阪府や京都市のような教員養成セミナーもあります。さまざまな経験を自ら求めてすることです。

指導力

指導力は自分で磨こう。

　教師は教科指導力を持っていることが不可欠の条件ですが、初めから豊かな指導力を有していることはほとんどありません。研究授業を見たり、また自分でも行ったりして自分で力量を高める努力をしなければ力はつき

ません。自分は指導力があるのだと錯覚している初任者をたまに見かけます。その人は他の教師に聞くことをせず、そのうち停滞し悩みを抱えるようになります。授業内容の展開、板書、発問、叱り方など研鑽すべきことは多数あります。

　授業以外にも学校の業務は多くあり、さまざまな指導力が要ります。

▼指導力

> Q　生徒になめられないようにするには、どのような経験をし、対策すべきでしょうか。
> Q　生徒からなめられる教師の特徴は何でしょうか。私は、生徒に迎合している教師がなめられるのかなと感じました。

　皆さんの「心に残る先生」を思い出してください。皆さんの心に残っている先生になれば生徒になめられたりはしないはずです。人間としても教師としても尊敬される存在になることです。教科の専門性に優れた先生、優しさと厳しさを兼ね備えた先生、情熱を感じさせる先生はなめられたりしません。指導者として毅然とした態度を堅持することが大切です。

　生徒に迎合し主体性のない先生は慕われません。繰り返し言うように、さまざまな体験をして、それを通してよりよい自分を創り上げていくことです。自分が経験して得たことは最も大きな力になります。

> Q　友達教師がよくないということは、親のことを名前で呼ぶような友達親子も本来はよくないということなのでしょうか。

　指導者と被指導者の関係ですから、教師が生徒と友達関係であってはいけません。もちろん生徒が教師を慕って親しい関係であるということは好ましいことです。現象より本質です。親子関係においても同様ですが、親が親の立場をわきまえておれば、子が親を名前で呼ぶのも問題はないかなと思います。大人になっても子が親に"おかあちゃん"、親が子に"〇〇ちゃん"と言っているのは、親離れ子離れができていないのではないかと

思われるでしょう。

> Q 生徒とコミュニケーションをより効果的にとるためにはタメぐちを許すことは必要ですか。

　教師と生徒であり、年長者との会話ですからタメぐちを許すことはよくありません。「先生、昨日スーパーで一緒にいた人だれや。恋人ちゃう？」と生徒が言った際、指導する立場を明確にしておくという意味でも社会における適切な会話を身に付けさせるということからも、不適切であることを指摘すべきです。また、教師にあだ名で呼びかけて「狸やのに弁当作ってもらって来てるのか」など小ばかにした物言いを放置してはいけないことは言うまでもありません。職員室に来た生徒のこうした調子の喋りに教師がそのまま合わせて会話を続け、何の指摘もしない場面にしばしば出くわしましたが、いらいらして回りから口を挟むことがよくありました。打ち解けた会話はよいことで教師と生徒の親近感が生まれますが、立場の違いを明確にしておくことは不可欠です。社会における適切な会話を身に付けさせなければなりません。タメぐちを許さないのが基本です。
　改訂学習指導要領が重視している言語活動はこのような場面でも意識すべきです。

▼研修

> Q 校内研修はどのようなことが行われているのですか。
> Q 研修は1年に何回ぐらいするのですか。また、何時間くらいやるのですか。

　教職に必要なことはすべて向上させていかなければいけません。授業で教える力、発問の工夫、学級をまとめる力、リーダーを育てる力、PCでの教材作成、PCでの成績処理、文書処理能力、学級通信の作成力、面談の効果的な行い方など多様です。生徒の実態により、つまり学校によりその内容は当然違います。

学校の教育活動や業務にはいろいろな分野（教育課程、生徒指導、進路指導、人権など）がありますから、全員での研修会を少なくても5、6回はしているでしょう。教育課程委員会で新学習指導要領の研究をするなど小集団での研修機会もあります。それらを含めた回数はかなりのものになります。

兵庫県立神崎高等学校では、平成16年度には年間23回しています。その内容は次のとおりです。

生徒指導の実際、ロールプレイングによる生徒指導研修、過去の生徒指導から学ぶ、心肺蘇生法・救急法、護身術、セクシャル・ハラスメント、接遇、イニシアティブゲーム、聴覚障害から人権を考える、構成的グループ・エンカウンター、ティームティーチングの在り方、ウエイトトレーニング法、LD・ADHD、リラクゼーション、情報管理体制の在り方、学力低下の原因、教育法規、いじめ問題、ユビキタス社会、体罰、学習指導要領の変遷、複数志願選抜のシステム、ストレスマネジメント

この学校は教育困難校のため指導力の向上は急務であり、教師力・学校力を高めるために実に多くの研修を行っています。校内研修は、課業期間中は1回1～2時間、長期休業中は2時間～半日実施するのが普通です。

Q　先生が教師だった時、校内研修は充実していましたか。

充実していたとは言えません。私の経験では「今このことが必要」というより研修をしたとの実績づくりのために学期に1回していたとの印象です。現在は多忙な中ですが学校の実情に即した研修が行われています。

Q　研修が実際の教育現場で役立ったことがありますか。

もちろんあります。すぐに役立つものばかりではなく視野を広げる講演もあります。学校として行う場合、単に「しなければいけないからする」という研修でなく「これを知りたい」「これをしたい」という内容をする

べきです。教育委員会に研修回数を報告しないといけないからその実績作りにするということではダメです。学校にLDの生徒が入学したので講師を招聘して発達障害について研修したことは、たいへん役立ちました。

Q　特徴があって印象に残った研修内容は、どのようなものでしたか。

　グループ・エンカウンター⁽¹⁾のショートエクササイズ⁽²⁾でアイスブレーキング⁽³⁾を経験したことです（このときのエクササイズは「バースデイチェーン⁽⁴⁾」でした）。

　かつては学校現場でこのようなスキルは一般化されていませんでしたから新鮮でした。また、最近は講義より参加型の研修が多くなってきています。たとえばKJ法⁽⁵⁾で班毎に意見を出していってそれをまとめるなどです。こうした参加型の研修は日頃あまり声をかけない人とも同席して教職員の融和につながる効果もあります。

　なお、ショートエクササイズの本は多数出版されていますので参照してください。

（注）

(1)　エンカウンターはふれあい、出会いとも言われ、本音と本音の交流や感情交流ができるような親密な人間関係（体験）です。グループ・エンカウンターはこれを集団でするもので、集団のなかの相互の関係を深め、集団のなかでの体験による自己の成長を目的としたグループ活動です。人間関係作りの手法として活用されます。

(2)　心理面の発達を促す課題で、短時間で人間関係をつくる課題がショートエクササイズです。

(3)　硬い雰囲気を打ち解けたものにすること

(4)　誕生日順にしゃべらずに輪になって並ぶもので、グループ分けをするときによく使います。

(5)　川喜田二郎が考案したデータ整理法。カードを使って問題点を整理して解決策を考察していく。

※この項は、山口豊一編著『学校心理学が変える新しい生徒指導』（学事出版、88-89頁）、國分康孝監修『エンカウンターで学級が変わる　中学校編Part3』（図書文化社、6頁）を参照しました。

> Q 研修例の組織的実践力のところが分かりにくかった。

　個人でなく複数、さらには全体で取り組む際の力のことです。学校では各個人が実践していきますが、各人がバラバラに実践するのでなく学校の教師集団として組織で動いていくことが不可欠です。そのために留意すること、その方法を学んで力をつけることが必要です。「ホウレンソウ（報告・連絡・相談）」やマネジメント能力なども組織的実践力です。「ホウレンソウ」については「**14 指導体制**」を参照してください。

> Q 問題行動に対する指導力など学力的なもの以外の指導力は、やはり教師になってからの経験が大事でしょうか。

　確かに経験が育ててくれますが、教師になるまでにできるだけ多くのことを学び、体験して人間力を高めておくことです。生徒指導に関する法規の理解、生徒理解や指導する方法など生徒指導に対処できる力を蓄えておけば教師になった時に役立つでしょう。問題行動を発見した時は逃げずに正面から取り組む強い胆力が必要です。他の教師と連携できる力も指導力のうちです。

▼ロールプレイング

> Q ロールプレイングで効果的な事例は何ですか。

　ロールプレイングは役割演技のことで、教員の研修でよく行われるようになりました。役割を演技することで演じている役の気持ちや立場を理解し、また演技を見ている人が演じている双方の立場や気持ちを理解して適切な対応の仕方を学ぶものです。どのような場面設定であっても効果的であると思います。生徒と教師の関係では、授業における発問、問題行動発見時の対応、問題行動の事情聴取、個人面談などが考えられ、生徒の立場と教師の指導のありかたを改めて考える機会になります。場面設定はさまざまなものが考えられ、保護者との関係、地域の人との関係、職員同士の

関係などいろいろあります。保護者との関係では、三者面談、クレームへの対応など。地域の人との関係では、学校行事への依頼、苦情への対応など。職員間では、先輩教師による担任への指導、授業担当者から担任への苦情などが想定されます。

　ロールプレイングをやっておくに越したことはありませんが、現実には想定外のことがよくありますので全部練習しておくことはできません。この研修は独りよがりや独善を見直すよい機会になります。

> Q　授業中にしたロールプレイングは親からの抗議に対応する担任と学年主任という設定でしたが、そのような状況はよくあるものなのですか。先生は経験したことがありますか。

　授業で行ったロールプレイングについて"難しい""分かりにくかった""ためになった""おもしろかった""新たな発見があった"などの感想が数多くありました。演技する人が場面設定をよく理解していること、見ていた人の感想を多く聞くこと、演技した人の感想を聞くことなどが必要です。
　親からの抗議は経験しました。修羅場もありますがそう度々あるものではなく、教師生活で一度もそういう場面に出合わない人もいるでしょう。激しい調子ではないけれど抗議をしてくる保護者や地域の人はいます。「お宅の学校はどんな指導をしているのですか」と、コンビニ・駅・バスからの抗議もあります。
　謝罪すべきことがあれば、まず謝罪。次に詳細が分かっていない場合は対応が難しいですが、詳細が判明したら改めて説明しますと伝えます。言われたことに対しては逃げずに丁寧な言葉で答える必要があります。不当な言いがかりについては毅然として拒否することも必要です。

> Q　授業でしたロールプレイングのような抗議が実際におこった時、どのようなことに注意して(ポイントを絞って)対応すればよいのでしょうか。

　嘘は言わない。誤魔化さない。丁寧に冷静に対応する。知らないことは知らないと言うしかありません。学校が本来行うべき指導という観点での

正論は言うべきです。

> Q ロールプレイングを見ていたら、自分も親の突っ込みに何も言えない状態になってしまいそうなので課題が多かった。ロールプレイングの模範が見たいです。

　授業での場面設定では、保護者役は教師を困らせる言葉をあえて言っています。現職教師でも対応はなかなか難しいです。演技の後の研修で「演じた言動はどうか、友達に叩かれた治療費の学校への請求にはどう返答すべきか」等々を学びます。
　ロールプレイングは資質向上・指導力向上の一つの手法です。うまく役を演じられないというのも、研修内容としては意味があることです。一つの手法ですからどんな場合にも役立つ魔法ではありません。ロールプレイングを見て、実際の対応はどんなものか、また、現実は厳しいなどと感じた人がたいへん多かったのですが、そう感じたことに意味があります。

> Q 高校生にロールプレイングさせるのは有効なのですか。
> Q ロールプレイは実際の授業で取り入れることは可能か。

　中学生・高校生同士の本が出ています。役を演じることによって他者を理解することですから、ホームルームで友人関係を考えさせる時には効果的でしょう。また面接練習はロールプレイングの延長上にあるものですから、何人かでやると演じる人も観察する人も面接のスキルアップに効果があると思います。

> Q ソーシャルスキルはどのように身に付けていけばよいのですか。身に付けるためのトレーニングなどできる所があるのですか。

　ソーシャルスキルは「人間関係に関する知識と具体的な技術やコツ」ですが、かつては遊びや家族・大人との関わりの中で自然に学んできたものです。今は携帯電話やインターネットが普及しそれができない社会情勢も

あり、生身の関わりが希薄になっています。本来人との関わりの中で学んでいくものですから、自ら進んで経験を積みスキルを磨いてください。人間関係能力向上の意味もあって、私は部活動・サークル活動などさまざまな体験をすることを強く推奨しています。学ぶ場として心理学関係の研修会などがあります。

※この項は、有村久春編『「生徒指導・教育相談」研修』（教育開発研究所、168-169頁）を参照しました。

▼コミュニケーション能力

Q　コミュニケーション能力は、どのように指導したらいいのですか。

　さまざまな観点から教育活動・触発を行って子どもたちを訓練していくべきです。コミュニケーション能力育成なら、読む、書く、聞く、話すのすべてに教育計画を作り、教科指導はもちろん学級活動においても計画的、継続的、組織的に展開していきます。その際、学習指導要領答申は参考になると思います。今度（平成20年度）の指導要領は『言語活動』を重視していますから一読を勧めます。
　3分間スピーチを例にとりますと、話した人にも聞いた人にもその感想を言わせる、書かせるなどを継続していくことでもコミュニケーション能力が育成されます。グループ・エンカウンターの本が多数出ていますから参考にしてください。

Q　人見知りだとコミュニケーション能力はないですか。

　私は人見知りしますがそれは対面するまでのことで、対面してからは誰とでも対話できます。対面することを躊躇し、また対面してすぐに気軽に話せない人もいますから、人馴れすること、場数を踏むことです。

Q　コミュニケーション能力に、携帯電話を使ったコミュニケーションは

なぜ含まれないのですか。

　メールは発信者の意を充分伝えきれないということは言いました。電話でのコミュニケーションでも相手の表情が見えないので誤解が生じる場合がよくあります。したがって、込み入った内容の場合は電話でなく対面して話をするべきです。最近の新入社員には、会社を休む時メールを送信して伝える人、上司が仕事を指示したら"用があったらメールしてください"と言う人がいるという嘘のような話を聞きました。コミュニケーションは事務連絡だけでなく、相手の気持ちを汲み取って話をするなど、会話を続けることが重要です。

Q　言語、非言語メッセージが相反する具体例がよく分かりませんでした。

　言葉は丁寧に話すが、表情は硬く態度は横柄であるといった感じです。たとえば"怪我がなくてよかったですね。私も心配しました"と相手の顔を見ず無表情で言うようなケースです。メラビアンの法則がありますが、この内容を「話し手が聞き手に与える印象は話の内容より表情やしぐさなど非言語の方で決まる割合が高い」と解釈して非言語の重要性がしばしば言われます。

5　学習指導要領

日本全国どこの学校も学習指導要領により教育を行います。

　学習指導要領は教育の機会均等を保障し、全国的に一定の教育水準に維持するため教育課程編成の基準となるものとして作られています。社会や子どもたちの変化を踏まえ概ね10年ごとに改訂されています。前回の改訂は平成10年から11年にかけて「生きる力育む」を理念として改訂されたものです。教科書は学習指導要領に定める教育の目標・内容を基に作

られ、文部科学大臣の検定を経た上で主たる教材として使わなければいけません。学習指導要領は法的拘束性がありますが、地域や学校の実態、児童・生徒の実態に即して弾力的に運用されるよう配慮されており、各学校はそうした実態を踏まえて教育課程の編成に努めます。

▼学習指導要領

> **Q** 学習指導要領の主な変更点はどこですか。

　授業時数の増加、言語活動の重視、総合的な学習の時間の授業時数の縮減、理数教育の指導内容の増加、小学校に外国語活動の導入、中学校で武道を必修化、道徳教育の充実、部活動の意義や留意点を規定などです。
　変更点の詳細は学習指導要領総則、学習指導要領解説を読んで確認してください。教職志望者は必読のものです。たいていの書店で販売しています。安価です。

> **Q** 学習指導要領に記されている事項（言語活動の充実、ガイダンス機能の充実など）の達成度は各学校で毎年評価しているのでしょうか。

　後に述べているように学校評価が義務付けられています。学校での教育は学習指導要領に基づいて行われるわけですから、毎年評価を行って次年度の教育に生かすようにしなければいけません。

> **Q** 特別活動は必要だと思いますか。
> **Q** 学習指導要領には、具体的にホームルームではこんなことをやらなければならないというような記述はあるのですか。

　変化の激しい社会において、また社会の構造的変化の中で「生きる力」をはぐくむという理念は重要です。知識のみを追究する教育では時代に即応した的確な教育とは言えません。その意味で特別活動の意義が大きいものです。学校は知識を伝授する機能を持っているわけですが、加えて人間

を育てる機能を持っています。教職に就く人はこのことをよく理解しておくことです。

　学習指導要領には、目標、目的、内容が示されています。高等学校の〔ホームルーム活動〕の内容は(1)ホームルームや学校の生活づくり、(2)適応と成長及び健康安全、(3)学業と進路で、中学校の〔学級活動〕は(1)においてホームルームが学級になっている違いだけです。またそれぞれの項目に示されている具体的内容の一部を高等学校のみ示しますと、ホームルームや学校における生活上の諸問題の解決、青年期の悩みや課題とその解決、学ぶことと働くことの意義の理解というものです。学習指導要領解説ではさらに具体的な内容が解説されています。

Q　なぜ高校では道徳教育がなくなるのでしょうか。もしくは道徳のかわりとなる科目があるのでしょうか。

　学習指導要領総則並びに学習指導要領の解説、学習指導要領についての中央教育審議会答申を読んでください。かわりの科目はありませんが、学校の教育活動全体を通じて行うことにより、その充実を図るとされ、その全体計画を作成することが義務化されています。決して道徳教育が要らないとは書いていません。

Q　今回告示の指導要領は高校のものということでしたが、特別支援学校のものはありますか。

　高等学校と同時に特別支援学校の学習指導要領が告示されています。

Q　個性を生かす教育とは具体的にどのようなことですか。

　生徒はそれぞれ特性を持っていますので、その伸張を図ることへの配慮が必要です。全員を画一的に育てない、向き不向き、得意不得意があればそれに対応した教育をするということです。科目や類型の選択もその一端です。

> Q 中高の時、教科書は買わされましたが実際まったく教科書を使わない授業がありました。そのようなことはよいのですか。

　よくありません。不適切です。教科書は主教材として使わなければいけません。先年の世界史未履修問題のようなことはあってはならないことです。法令や学習指導要領を守って教育活動をしている者が馬鹿をみることは絶対にあってはなりません。法令を遵守しない校長は即刻辞表を出すべきだというのが私の見解です。私は世界史必修には賛成しがたいのですが、学習指導要領で決まっているからには教育課程表に載せ、実際に授業を行ってきました。できれば世界史をしないで別の科目の授業をしたかったです。しかし決められているからにはそれに従ってやらねばなりません。

> Q 学習指導要領に書かれていることは、個人の主観による判断がかなり入り得ると思うのですが、それを含めての教育の基準とみればよいのでしょうか。
> Q 年間指導計画に沿った指導が行えなかった場合、修正する機会は設けられるものなのですか。

　学習指導要領は大綱が示されており、具体的展開においては児童生徒や地域の実態をふまえたそれぞれの教育活動をすることになります。根幹は遵守しないといけませんが、細部は工夫の余地があります。検定済み教科書は使わなければいけません。

　実際の指導が指導計画と違った場合は修正を設けるように努力はしますが、時間が限られており一部の教育活動を断念せざるを得ないことはあります。たとえば新型インフルエンザ発生による教育計画の乱れには各校とも苦労しました。修学旅行の時期変更や断念せざるを得なかった学校もありました。多くの学校は長期休業を変更して授業の補填を行いました。

▼生きる力

> Q 「生きる力」はどのようにして付くものなのでしょうか。

Q 「生きる力」は身に付けようとしないと身に付かないものなのでしょうか。

中央教育審議会答申「学習指導要領の改善について」（平成20年1月17日）では、「生きる力」を
○基礎・基本を確実に身に付け、いかに社会が変化しようと、自ら課題を見つけ、自ら学び、自ら考え、主体的に判断し、行動し、よりよく問題を解決する資質や能力
○自らを律しつつ、他人とともに協調し、他人を思いやる心や感動する心などの豊かな人間性
○たくましく生きるための健康や体力　など
と示しています。

「生きる力」は幼少期から家庭での教育、教科学習・道徳・特別活動・総合的な学習の時間など学校での教育、また、さまざまな体験によって培われていくものです。自ら身に付けようと努力すればなお効果的でしょう。「生きる力」を育むという理念を実現するため、その具体的手立てを確立する観点からこの度学習指導要領が改訂されました。

子どもたちに必要であるとされる「生きる力」はすべて教師に当てはまるものです。

▼人間力

Q 「生きる力」と「人間力」の違いについて、もう少し詳しく知りたいと思いました。

趣旨は同じですが「生きる力」が〔社会における〕という観点が不十分だったということで、社会の中で生きていくという意味を込めて「人間力」が提言されました。「人間力」は「人間力戦略研究会報告書」（内閣府人間力戦略研究会、平成16年4月）で、「社会を構成し運営するとともに、自立した一人の人間として力強く生きていくための総合的な力」と定義した上で、①知的能力的要素、②社会・対人関係力的要素、③自己制御的要素

をバランスよく高めることが人間力を高めることであるとしています。これに続く、中央教育審議会答申「新しい時代の義務教育を創造する」(平成17年10月)でこの言葉が登場しました。

> **Q** 「生きる力」や「人間力」のない子どもに授業を行っても、あまり意味がないのではないかと思いました。

　力がないから学ぶのではありませんか。学ぶから力がついてくるのであり、可能性を信じて行うのが教育です。すべての人に同じ力を獲得させることは難しいですが、その子どもにあった、よりよい成長を期して教育を行います。その成長を促すのが教育です。

> **Q** 「生きる力」や「人間力」といった言葉が学習指導要領に導入されて、何か教育現場に変化はあったのですか。

　私は進学校でない学校に勤めたことが多く、そのためもあってか学習指導要領で「生きる力」が提示される前から「生きる力」を信条としていました。それはまさに現実を生きる力であります。学歴社会の中ではいわゆる落ちこぼれの人間はどうやって生き抜いていくのか切実で、学力が低い生徒に生きていく力をつけてやらねばならないと思いました。そして現在、知識の量だけでは実際に社会の中で生きるための力になりません。体力も人間関係も忍耐力も要ります。「生きる力」が学習指導要領で提示された時、生きる力の意味が何か分からないという声をしばしば聞きました。それは知育を重視していた人に多かったように思います。知識を獲得させたらよいと考えていた教師は、ホームルームを重視する、人間を鍛える、コミュニケーション力をつけるなどの発想がなかったのでしょう。したがって、学習指導要領に「生きる力」が示されてからはそのような力をつけることの必要性が教育現場で改めて認識されたのではないでしょうか。

> **Q** 「生きる力」を完璧に持っている人間はいないでしょうけど、その「生きる力」を少しでも付けるために国は具体的な指導法などは示している

のでしょうか。ぜんぶ先生まかせですか。

　学習指導要領に示されたものもありますし、教育委員会が指導資料を作成したりしています。その意味では、先生まかせというわけではありません。たいへん多岐にわたるもので、すべての教育活動の中で展開されます。指導者が当然そのことを意識して生徒に接していくことが求められます。

Q　どうやったら、会社に就職したことがなくても社会を知っている先生になれるのでしょうか。
Q　教師になる前に社会に出たほうがよいのでしょうか。
Q　社会を知らない先生というのは私にとって少し不安なのですが、一度社会に出てから教職に就く人もたくさんいるのでしょうか。

　大学を出てすぐに教師になると、生まれてこのかた学校しか知らないということになります。学校の教師が井の中の蛙と言われるのはこのためです。一度企業に就職してから教師になると社会を知ることができます。数は多くありませんが会社を経験後に教職の道に入る人はいます。その経験は貴重です。ただ社会を知った教師であるために、わざわざ会社に就職しておく必要はありません。「世の中をよく知る」とわきまえていたらよいです。そのために、異業種の人との交友や書物などからさまざまな情報を得て自分の世界を広げることです。

▼教師力

Q　どのように「人間力」「教師力」を磨くべきですか。
Q　「社会人基礎力」「生きる力」「人間力」ともに、今からでも身に付けるのはまだ間に合うでしょうか。また、部活動などはこれらの力をつけるのに有効でしょうか。

　活動による経験、本、思索、研修会への参加（夏には学生も参加できる

勉強の場もあります）等々、着実に自分を鍛えていくことです。肉体・頭脳とも座して待っていてはなかなか得るものはやってきません（京都、大阪、兵庫の「コンソーシアム」を検索すると何か見つかるかもしれません。コンソーシアム京都、コンソーシアム大阪、コンソーシアム兵庫）。

　いつの時も力を蓄えるのに間に合わないということはありません。さまざまなことを経験して自分を磨いてください。部活動が有効なことは言うまでもありません。

> Q　優れた教師の条件を満たしている教師はどれくらいいるのでしょうか。

　中央教育審議会答申「新しい時代の義務教育を創造する」（平成17年10月26日）に示された「優れた教師の条件」の3つの要素は、
　①教職に対する強い情熱
　②教育の専門家としての確かな力量
　③総合的な人間力
　です。
　残念ながらこの条件を十分に備えていない教師が少数いますが、この教師は目立ち大勢いるように感じられます。多くの教師がその条件を備え教育活動に尽力しています。

▼社会人基礎力

> Q　「社会人基礎力」という言葉はいつごろ生れた（作られた）のですか。
> Q　「社会人基礎力」を子どもたちに身に付けさせる時の指導方法は、ディスカッションなどを用いた授業でもよいのですか。
> Q　先生は「社会人基礎力」の能力要素以外で重要だと思う能力はありますか。

　「社会人基礎力」は「職場や地域社会で多様な人々と仕事をしていくために必要な基礎的な力」と定義され『前に踏み出す力』『考え抜く力』『チームで働く力』の3つの力を規定しています。最近登場した言葉です。

身に付けさせるにはディスカッションもいいですし、部活動や生徒会活動、調べ学習、その他いろいろ考えられるでしょう。

社会人基礎力の能力要素は、**主体性、働きかけ力、実行力、課題発見力、計画性、創造力、発信力、傾聴力、柔軟性、情況把握力、規律性、ストレスコントロール力**です。これ以外には、人間味、包容力、決断力、責任感なども重要であると考えます。

> Q 「社会人基礎力」を指導するにあたって、教師もその能力を完璧に身につけている必要があるのでしょうか。
> Q 現役の教師で「生きる力」「人間力」「社会人基礎力」を身に付けている、もしくは育むことができると思っている方は、どれくらいいるのでしょうか。

それらの力を身に付けているに越したことはありませんし、多くの教師が持っていますが、完璧には難しいでしょう。指導者としては、生徒に必要なものであると認識し、指導できる力を持っていることも大事です。すべての力を十分にというのは難しいですが、指導すれば身に付くと多くの教師が思っておりますから、皆さんもその信念を持ってください。

> Q 自分が辛い時やしんどい時に弱音をうまく他人に出せない生徒がいたら、どういう対応を取ればいいのか。先生はそのような生徒がいればどういう対応をとられますか。

生まれながらの性格や育った環境によりさまざまなタイプの人間がいますから、これが絶対という対応策はないでしょう。私なら自分自身のしんどかった体験や弱音を話すことによって相手を楽にさせてあげようとするでしょう。実は学級崩壊の教師にこのタイプが多いという話を聞きます。それは指導力のなさを人に知られたくない気持ちが人に相談することをためらわせるからであろうと思います。

> Q どうすればより心を強くし、そして信念を強くして生きていくことがで

きるのでしょうか。

　宗教的なバックボーンを確かな支えにして生きている人もいるでしょうし、これをするという目的を強く持つことによって自分を鼓舞することもできるでしょう。多くのことを学び、体験し、思索し、挫折し、自分を逞しくしていくことです。私は「座して待っているだけではだめだ」ということをよく言ってきました。また、生きていくということですから、死ぬということを意識したら生がまた違ってくるでしょう。生きるのは自分ですから、教えられるものでなく自分で体得していくものです。

Q　私を含め現代の子は親の過保護のせいで「忍耐力」に欠けている傾向にあります。スポーツなどで養われる「忍耐力」とこの「忍耐力」は違うのですか。

　同じです。スポーツでの忍耐力が日常での忍耐力となっていないとすると本物ではありません。部活動においては忍耐力が鍛えられると言えますが、指導者の前だけで忍耐力を見せることを求め、平素の生活の中での忍耐力を軽視する指導をしていた場合には十分に育たないでしょう。

Q　忍耐力や、やる気の出させ方はどのように指導したらよいのでしょうか。

　行うことの意義が分からないと取り組む気が湧きませんし我慢して継続できませんから目的を明確にすることです。次に目標設定ですが、今の力より少しハードルが高い目標を設定しますと達成できる気持ちになれますし、達成できたらその達成感が次の取り組みへの意欲につながってきます。たとえば漢字テストで100点満点のうち30点しか取れない子に100点の目標設定をすると、やる気は出ませんし忍耐強く勉強する気は起きません。まずは40点か50点の目標にすると達成できるかもしれないと思い我慢して勉強できます。その目標が達成できたら、60点、70点獲得に向けて努力するでしょう。

> Q 先生は集中力を身に付けたいと思った時、どのような訓練をしましたか。

　得意でないもの成果が出ないものには集中できないものです。好きなことをすることによって集中力をつける訓練をし、他のことにもそれを活かせるよう努力を積み重ねることです。私は走ることが好きで大会に出るために練習をしますが、暑い日も寒い日も辛抱して練習します。気持ちが集中していないと思わぬ事故に遭遇することもあります。この繰り返しはどこかで活きている気がします。

　「やらなければならない」と思ったことには集中して取り組むはずです。訓練・辛抱を繰り返し少しずつでも力をつけてください。

▼総合的な学習の時間

> Q 先生は、総合的な学習の時間は必要であると思いますか。
> Q 先生はどんな総合学習をしましたか。
> Q 総合的な学習の時間に何をするのかは、担任が独断で決められるのでしょうか。
> Q 総合学習では具体的にはどのようなことをする時間ですか。私の学校では他の授業の振替になっていた気がします。先生は総合的な学習の時間のメリットは何だと思いますか。

　総合的な学習の時間は教科の枠を超えた内容をすることができ、課題を設定し、探求していく学習形態は私がたいへんしたかったものでした。その目標を見ても最近の子どもの弱点を克服する手立てとして有効に活用できる学習形態です。

　総合の時間は担任独自が内容を決めるものでなく、大半の学校で統一したカリキュラムを作成して展開していると思います。私の学校ではキャリア教育を軸に展開していましたが、テーマ設定をして教科横断的に調べ学習をする学校もあります。地域をテーマにしている実践はたいへん多いです。いろいろな学校の取組みを研究してみてください。

　なお、新学習指導要領答申で指摘されていますが、特定の教科の補充学

習として行われたりすることは不適切です。

(注)
　総合的な学習の時間の目標は
　「横断的・総合的な学習や探究的な学習を通して，自ら課題を見付け，自ら学び，自ら考え，主体的に判断し，よりよく問題を解決する資質や能力を育成するとともに，学び方やものの考え方を身に付け，問題の解決や探究活動に主体的，創造的，協同的に取り組む態度を育て，自己の生き方を考えることができるようにする」
　新学習指導要領では、総合的な学習の時間はますます重要な役割果たすものであるとしながらも授業時数は縮減されています。

> **Q** 私の出身高校では総合学習の時間に大学や職業を調べたり、面談や小論文の練習をしていました。授業と進路指導がごっちゃになっていると思います。

　私はよい教育プログラムを展開していると考えます。総合学習をキャリア教育で組み立てている学校はかなりあります。キャリア教育は生き方探求を含めた社会勉強でもあり、学びをすすめる機会と捉えるべきです。なかでも「自ら学ぶ機会」をつくることはたいへん大事です。総合学習にキャリア教育を取り入れるとLHRで不十分であったことをカバーできるメリットがあります。

(注)
　高等学校学習指導要領 「総合的な学習の時間」 指導計画の作成と内容の取扱い
(5)　学習活動については，地域や学校の特色，生徒の特性等に応じて，例えば国際理解，情報，環境，福祉・健康などの横断的・総合的な課題についての学習活動，生徒が興味・関心，進路等に応じて設定した課題について知識や技能の深化，総合化を図る学習活動，自己の在り方生き方や進路について考察する学習活動などを行うこと。

▼国歌

> **Q** 先生は学校で国歌を斉唱することをどう思いますか。
>
> **Q** なぜ国旗の掲揚・国歌の斉唱は指導しなければならないのですか。また、これをしない校長などがいますが、しない理由は何ですか。

> Q 私は小学生の頃、国歌を斉唱したことがなかったが、中学校に入学してからまわりの人が歌っているのに驚きました。絶対歌わないといけないのですか。
> Q 私の高校はミッション・スクールだったのですが「君が代」は斉唱しませんでした。これは"問題"ですか。
> Q 先生は愛国心は大切だと思いますか。

　国歌は斉唱すべきです。端的には、学習指導要領に示されているからです。自国の国旗・国歌を尊重するのはどこの国でも当然のことです。他の国は国旗・国歌に誇りを持っています。他国の国旗・国歌に敬意を表さなかったら問題になります。そうしたことを学校でも社会でも教えてこなかったことが問題であると指摘されています。

　学校で国旗の掲揚や国歌の斉唱を指導しない校長がいれば、それはおそらく反対する教職員がいるからだと思います。私学も学習指導要領に則った教育をするのですから斉唱が望ましいです。国旗は掲揚すべきであり、教師は国歌を歌うべきであると考えます。文部科学省は、児童生徒には強制はしないと言っています。学習指導要領は「国旗を掲揚するとともに、国歌を斉唱するよう指導するものとする」と示しています。

　愛国心は当然大切です。

> Q 君が代不起立の事件が逆転敗訴になりましたが先生はどう思いますか。

　当然です。そもそもその前の判決がおかしかったわけで、そのような裁判官がいるということが何故なのかと思えます。国旗・国歌を尊重しない教師は不適格と言われても仕方がないでしょう。

> Q 高校の卒業式が近づいた頃に、担任がSHRで「私は君が代の時は起立しない」と言ったことを話したことがあったのですが、許されることなのでしょうか。
> Q 教師が必ず国歌を歌わないといけないことについて、先生はどのような考えですか。

許されません。国歌を斉唱する時、国旗を掲揚する時は起立してするものです。教師が教育活動をするのは職務ですから、個人の思想を表出する場ではありません。教師は歌うべきであり、教師と児童生徒には違いがあります。

6 生徒指導

自分を律することができる自立した人間を育てる。

人を教える立場といっても自分のことですら制御しきれるものでなく、いわんや性格も生い立ちもさまざまな生徒を制御しきれるはずはありません。よかれと思って指導しても生徒を指導できるものではなく、ただ可能性を信じ、よりよい指導法を探して子どもに関わっていくのです。うまくいくことばかりではありません。綺麗ごとだけですみません。しかし生徒も指導する自分も「しなければいけないこと」と「してはいけないこと」があります。それを教師である自分に言い聞かせ、生徒を指導していきます。

▼懲戒

> Q 実際に校長として生徒に懲戒を与えた経験を教えてください。
> Q 先生が校長のとき何人の生徒が退学になりましたか。

懲戒は教育目的を達成するためのものであり、学校秩序維持のための制裁でもあります。児童・生徒が問題行動を起こしたときに行います。

多くの生徒に懲戒を行いました。喫煙が最も多かったでしょうか。校長が懲戒の申し渡しをする時は学年の指導がなされた後ということもあって、どの生徒も神妙にします。校長の前に来たというだけでも緊張感があります。必ず保護者同席で申し渡しをします。親としてはたいへん辛いことです。その親の辛さを分からせることも親同席の意味にはあります。多

くの生徒は1回だけの指導で終わりますが、なかには複数回問題行動を起こす生徒もいます。複数回ともなると校長が話す内容も厳しいものになってきます。校長として楽しいものではありません。

退学処分はなかったですが、自主退学で多くの生徒が学校を去っていきました。残念なことでした。ちなみに平成20年度中に懲戒処分により退学した者は全国で439人でした。

(注)

懲戒は規律に違反した行為や秩序を乱した行為への制裁です。学校教育法第11条に「校長及び教員は、教育上必要があると認めるときは、文部科学大臣の定めるところにより、児童、生徒及び学生に懲戒を加えることができる。ただし、体罰を加えることはできない」とあります。

Q なぜ停学より自宅謹慎のほうが多いのですか。
Q 停学と謹慎が同じことをしているのなら、どういう基準で2つを分けて生徒へ言い渡すのですか。
Q 私は自宅謹慎というものがイマイチ理解できません。学校側の逃げのように感じるからです。

学校教育法施行規則で「懲戒のうち、退学、停学、及び訓告の処分は校長がこれを行う」と定められています。懲戒はここに示された法的効果を伴う懲戒と、叱ったり立たせたりする事実行為としての懲戒があります。停学は出席を停止させるわけですから、指導要録上は出席すべき日数からその日数が減じられます。つまり学籍に残ることになりますので、教育的配慮から家庭謹慎にするケースが多くあります。停学にする場合は重い問題行動の場合で、軽い場合は謹慎にしています。したがって停学より謹慎のほうが多いことになります。校長として停学を命じたケースはごくわずかです。

問題行動への指導を特別指導と言っているのは、その指導を処分・懲らしめの側面ばかりを意識して生徒の内発的な更生を促す指導をあまり意識しない傾向があったことから「特別指導」と言って「指導」を強調しています。なお、停学の場合も停学期間中に家庭訪問を繰り返して指導をしま

す。

> Q 高校のとき友達がカンニングをして出席停止になりました。そういう場合、小・中学校ではないので校長ではなく教師が処分を行えるのですか。

学校教育法にあるように小・中学生への出席停止は教育委員会が行います。あなたが言う「出席停止」は「停学」か「家庭謹慎」でしょう。家庭謹慎も停学に準じるものですから前記の学校教育法施行規則のとおり校長がするものです。

> Q 問題行動への指導に多くの種類がありますが、その先でまた問題を起こすとどうなるのですか。
> Q 何度も停学処分を受けるような問題行動を起こした生徒はいましたか。どう対処されましたか。

多くの種類というのは停学や訓告を言っているものと思います。問題を起こすたびに指導を加えます。「複数回目は重い処置に」と一概にはしませんが、前回の反省が充分でなかったわけですから充分な反省を求めます。謹慎日数はいくらか長くなります。度重なれば退学処分もあり得ます。

「停学で何度も」はそうはいませんが「謹慎で何度も」はしばしばいます。教師としては腹が立つより情けない気持ちになります。校長として応接室で謹慎解除の申し渡しをするときは"もう来るんじゃないよ"と教室に送り出します。

> Q 特別指導は「処分」(懲らしめ)というより「指導」を行うと授業でありましたが、「指導」はやはり懲らしめになってしまうのではないでしょうか。
> Q 先生は処分(懲らしめ)はいけないとおっしゃられていましたが、自分は懲らしめは必要であると思います。中学時代に何かあると叩いてくる先生がいましたが、その先生は生徒に好かれていたような気がします。

> Q こちらが指導として行っていても生徒にとっては「処分」として受けとめられてしまうのではないでしょうか。

　問題行動を起こした生徒には懲らしめをします。私が経験した学校現場では懲らしめも含めて「指導」と表現していました。私が言いたいのは、悪い事をした罰として処分をし生徒を罰に服させるとの発想だけで、生徒をどのように更正させていくかを考えずその手だてをとらない（指導をしない）のはよくないということです。体罰はいけません。

> Q 問題行動の指導は指導基準に即して、公平、公正な指導に努めるとありましたが、どのようにして退学、停学、謹慎などを決めているのですか。また、退学、停学などの処分を行うのは校長となっていますが、校長先生は普段の生徒のようすはほとんど知らず、担任から聞くことでしか生徒のことをわからないのに判断しなければならないのは難しいのではないかと思いました。

　基準（内規）はどういう行為をしたらどういう指導（処分）をするという基になるもので、起こした事の内容によります。たとえば殺人なら退学です。喫煙なら家庭謹慎1週間程度でしょう。
　指導内容は校長がひとりで決めるのではありません。担任教師などが関係生徒から事情聴取後、すべての情報を集約し関係教員による会議で指導方針を検討し最終的に校長が決裁します。
　なお平成18年6月5日文部科学省初等中等教育局生徒指導課長通知「児童生徒の規範意識の醸成に向けた生徒指導の充実について」では次のように示されています。
　「生徒指導に係る指導基準については、あらかじめ児童生徒又は保護者等に対して明示的に周知徹底することとし、もって、児童生徒の自己指導能力の育成を期するとともに、家庭や地域レベルにおける児童生徒の規律ある態度や規範意識の育成に向けて指導（しつけ）との連携の確保に配意すること」

> Q　懲戒のうち訓告とは何ですか。

　文書あるいは口頭による厳重注意です。通常口頭でします。担任からの注意と異なり学校の代表者である校長が行うものですので、生徒は緊張して校長の話を聞きます。比較的軽微な問題行動に対して行います。

> Q　指導基準は毎年検討や見直しなどがされるのですか。それは学習指導要領に記載されているのですか。

　基準は毎年大きくは変えませんが見直しをする部分もあります。それは学習指導要領には記載されていません。どの学校も校則を定めており、生徒の懲戒規定も定めています。公平公正な処置をするためにも基準は必要ですが、適切な基準と運用について前記したように文部科学省から通知が出され、教育委員会から指導があります。

> Q　停学とか謹慎は本当に大学受験に関係してくるのですか。

　前記のように停学で出席すべき日数が減じられている場合や謹慎で欠席日数が増えている場合は「なぜ」という疑問が出てくるでしょう。そういう意味で関係してくることがあるかもしれません。指導された後にしっかり更生して、高校生として人間として誇れる存在になっておれば堂々と受験に臨めばよいのです。

> Q　私の学校では他人の物を盗んで壊すという事件がありました。犯人の生徒は1週間の謹慎ですんでいました。退学と謹慎の境界はどこですか。

　まずはじめに「犯人」という表現は不適切で学校では違和感があります。学校によって違いはありますが、指導基準を設けていますので指導基準に即しその時の状況を勘案して指導処置（処分）を決めます。明確な境界があるわけではありませんし、見直しによる基準の変化があります。平成20年度の全国の退学処分者数を439人と示しましたように、よほどのこ

とをした場合でないと退学にはなりません。

> Q 先生はどのような指導（罰）を与えたことがありますか。
> Q もし生徒が問題を起こした時は、どのような重さで親に伝えますか。

　親への伝え方は褒めることなら気楽なのですが、問題行動の場合は配慮が要ります。これは起こした事件の内容にもよります。単車乗車をした自分のクラスの女子生徒を指導した際には「信頼していた生徒でしたので残念でした」と言いました。単車は法令で許可されていますから指導に際して揉めることがよくあるのですが、この言葉に親は「分かりました」とすんなりいきました。校長の時ですが単車で瀕死の重症を負った生徒の親に「生きていてよかったですね」と言ったら親の目から涙がボトボトッと落ちました。

> Q 問題行動への指導で、親に手紙を書く例や小学校の手伝いをする例がありましたが、それは「処分」としてやらせるのですか。

　懲戒処分の際の、いろいろな指導の一つとしてするものです。謹慎の場合は起こした問題行為への反省文を書かせ、学校の時間割りに従って学習をさせるなどをしていました。これからの生き方を考えさせる指導が大切なところから、謹慎中の指導として親や将来の自分に手紙を書いたり、老人ホームや保育所で体験活動をさせるなど自己有用感や自尊感情を高める内容も取り入れています。

> Q 指導に対して生徒が耳を傾けない時は、どのように対処しましたか。

　粘り強く話します。こういうことはほとんどありませんが、入学時に次頁のものを提出していることにふれざるを得ない時もあります。私は兵庫県で仕事をしてきましたから兵庫県の例を示します。
　兵庫県立高等学校学事通則に示されています。

```
            宣　誓　書
  私は、兵庫県立○○高等学校の教育方針に従い、諸規則を守り、心身を鍛え、
勉学に励むことを誓います。
         年　　月　　日
    兵庫県立○○高等学校長様
                              生徒氏名　□□□□
```

```
            誓　約　書
                              生徒氏名　□□□□
  上記の者が貴校に在学中は、諸規則を守らせ、生徒として自覚ある行動をさせる
とともに、本人に関するすべての責任を引き受けます。
         年　　月　　日
    兵庫県立○○高等学校長様
                              保護者　□□○○　㊞
                              保証人　◇◇○○　㊞
```

▼規範意識

Q　規範意識という言葉の意味がよくわかりません。
Q　校則に関して親が反対している場合、どのように向き合っていきましたか（たとえば携帯電話など）。

　規範は広辞苑では「①のり。てほん。模範。②のっとるべき規則。判断・評価または行為などの拠るべき基準」とあります。規範意識は規則を守る意識です。電車のマナーやゴミのポイ捨てなど、最近規範意識の低下が指摘されています。学校ではこのような規範意識のレベルまで校則に入れています。

　校則や規範意識について機会あるごとに説明し、特に変更した時はPTA役員あるいは役員会に説明した上で、また文書を配布したりして実施に移しています。その時点での丁寧さが後の指導がやりやすいかどうかに関係してきます。なかには反対意見も出ますが、学校として校則の意味や変更の必要性を説明します。現実には保護者全員が賛同するということ

はありませんので、学校が子どもたちの健全育成を願って主体的に進めていきます。
　携帯電話の所持、単車の乗車など、親がよいと思ってしているのだから学校は口を挟まないでくれというような保護者の意見に対しては、なぜそうしているのか、学校は集団としてのルールが要るからそれに従ってもらわないと困るなどの説明をします。

▼問題行動への指導

Q　先生は非行をなくすことは可能だと思いますか。教師の力で変えられるのですか。

　皆無にすることは難しいでしょうが、いろいろな方法によって減らすことは可能であると信じます。可能性を信じるのが教育です。教師の指導はもちろん、保護者の協力や生徒集団の育成など、教師の力だけでなくいろいろな力を結集して非行をなくする取り組みをしています。

Q　子どもたちの喫煙には反対ですか。法律的にはダメですが、私は他の人に迷惑をかけなければOKだと思います。

　当然喫煙はダメです。この考えなら教師にはならないほうがよろしい。してはいけないことは当然しないように指導しなければなりません。それが規範意識の徹底です。
　なお禁煙外来と看板を掲げている医院があり、生徒の喫煙を「病気と捉える」観点で指導している事例がありますが、生徒への指導にそのような考え方も出てきています。

Q　先生は薬物に手を出した生徒を受け持ったことがありますか。また、どのような対処をしましたか。
Q　先生が働いていた高校で、薬物を使用している生徒はいましたか。

「受け持ち生徒が薬物」は幸いにしてありません。ただ残念なことに、勤務した学校の生徒が検挙されたことはあります。タバコや喧嘩と違って縁遠い世界のことと思っていましたからたいへんショックでした。

> Q 生徒が問題行動を起こすことは生徒自身にも問題はあるが、親が厳しく諭し善悪をしつけているかが重要だと思った。そのために必要なことは何ですか。

　まず家庭があり、そこが学校の指導の限界となるわけです。親には学校の指導を説明し、生徒には健全な生活態度・規範意識を持たせるよう育んでいくことです。生徒は生徒集団の中で育っていきますから、個を見ると同時に集団の中での育みも意識すべきです。親の教育は教師の仕事の範疇ではありませんが、教師が考えていることや協力を求めたいことを伝えることはできます。保護者に連絡を繰り返している先生は数多くいます。

> Q 問題行動を起こした生徒の親にも適切な指導が必要だと思いますか。

　思いますが生徒を指導するのが教師の務めで、親を指導するのは本来務めではありません。その年齢まで生きてきた大人を諭すことは難しいことでもあります。現実には子どもの健全な成長のために親の理解を求める努力は要ります。親を納得させる信念と力が必要です。若い教師なら親のほうが高年齢である場合が多いですが、教育のプロとして言うべきことは言わねばなりません。プロであるとの自覚と自負心が必要です。

▼ゼロトレランス

> Q ゼロトレランスを行なった効果がどのようなものか知りたい。

　ゼロトレランスは直訳では「寛容度ゼロ」で、学校規律の違反行為を見逃さず厳格に適用して学校秩序を保つという考えです。教師の要求に見合って子どもは自己を規制します。そうした意味でゼロトレランスは効果

があります。抑圧するものでなく、人を尊重し人権を守るものです。

Q 日本でも「破れ窓理論」は採用されているのですか。

「破れ窓理論」は軽微な違反行為を放置すればより重大な違反行為に発展するという理論で、ガラス窓の破損を放置すると窓は次々に割られていくという例で紹介されています。

この理論は多くの学校で取り入れており、兵庫県一の困難校であった兵庫県立神崎高等学校が再生したのは、このゼロトレランス・破れ窓理論を実践したことがその要因の一つとして挙げられます。

▼出席停止

Q 出席停止の期間が終了した後の対応はどのようなことが行われるのでしょうか。
Q 全国統計を見て出席停止がとても少なく感じました。なぜこんなに少数なのでしょうか。

緊張感が解けてしまってまた前のよくない行動パターンになってはいけませんから、しばらくの間、放課後毎日教師が話をするとか勉強をさせるなどの経過観察が必要でしょう。

出席停止が少ないのは、義務教育である点、子どもの発達年齢、校区が狭い、できれば避けたい、等があるでしょう。

(注)
学校教育法第35条　市町村の教育委員会は、次に掲げる行為の一又は二以上を繰り返し行う等性行不良であって他の児童の教育に妨げがあると認める児童があるときは、その保護者に対して、児童の出席停止を命ずることができる。

Q 出席停止という処分は周りの生徒のための処置だと感じた。処分を受けた本人に本当に改善する期間となるのか疑問です。

出席停止は小・中学生に対するものですが、制度の趣旨は懲戒にあるのではなく、学校の秩序維持と他の児童生徒の教育を受ける権利の保障にあるものです。該当児童生徒に対しては改善を期待して指導をするわけですが、現実にはうまくいくことばかりではないでしょう。特に小・中学生の場合は保護者の養育のありかたが大きく関係してくると考えます。

> Q　児童の出席停止の判断がとても難しそう。すぐに停止にしてしまうと保護者からクレームがくるし、放っておいたら授業がめちゃくちゃになるし。基準が明確でないだけ難しいのではないか。

　難しいです。ただ、出席停止はよほどの場合です。その児童生徒のこれから先のことを考えないといけません。決断を躊躇したために他の児童生徒に悪い影響を与えることもありますし、本人の傷を深くする結果になることもありますから熟慮の上で行われます。

7　体罰

愛情を持って叩いてもそれは体罰です。

　生徒指導は論理だけでは効果的でない時があり、問題行動によっては強い口調で一喝して叱責することが必要な時があります。「だめですよ。やめましょうね」で指導できれば苦労はありません。私は生徒が自発的にクラスのことに取り組み級友と助け合う指導を重視してきましたが、時には力による指導が必要な時があると思います。しかしそれは体罰をよしとするものではありません。

　高学歴社会となり、また大学紛争や学園紛争以降権威を否定する風潮が社会に広まって、教師が無条件に尊敬される時代ではなくなりました。かつては教師に殴られて家に帰ると"先生に殴られるとは何と悪いことをしたのだ"と家でまた父親に殴られることがある時代でした。現在の子ども

たちは物質的には恵まれた中で育ち、親に叩かれた経験がなく、もろく、耐える力を持たない者が多くいます。力によって屈服させる体罰は子どもの心に深く傷を残すことがあります。

▼体罰

> Q 愛情を持って叩くのは体罰になるのですか。
> Q いかなる体罰も罰せられるのですか。

教員採用試験で「愛情があるのは体罰でないと思う」と答えたら点数はもらえないです。有形力の行使がすべて体罰であるというわけではないわけですが、「体罰」をしたら罰せられると理解しておいたほうがよいでしょう。池原中学校事件（昭和30年大阪高裁判決）では「その動機が児童に対する愛情に基づくとかいうことは体罰を正当化する実質的な理由にならない」としています。

（注）
○池原中学校事件：二人の教員が生徒の頭部を右手拳及び平手で殴打した事件で暴行罪として有罪になりました。
○平成19年2月5日文部科学省初等中等教育局長通知「問題行動を起こす児童生徒に対する指導について」において「学校教育法第11条に規定する児童生徒の懲戒・体罰に関する考え方」を取りまとめ、懲戒・体罰に関する解釈・運用についてはこの考えによることとするとされています。

> Q 先生は体罰についてどういう考えを持っていますか。
> Q 先生は体罰をしたことがありますか。
> Q 体罰は絶対によくないが、本当に言うことを聞かない生徒へはどうすればよいのでしょうか。

体罰は「すべきでない」です。私は若い頃、二度生徒を叩いたことがあります。その一度は教室での授業中でした。態度が悪かった生徒の頬を軽くパチンと叩いたものです。クラスの者が見ている中でのことで生徒は

ムッとしましたし、こちらの気分もよいものではありませんでした。叩いたことで得られたものは何もありませんでした。

　言うことを聞かない生徒の指導は、他の人のことは聞くのか、友達や親とはどうかを把握して指導を進めていくことが必要です。誰しも認知されたい要望は持っているはずです。いろいろな角度から迫らなければなりません。

> **Q** 懲戒・体罰のところで、「授業にかわる指導」などの処置を取る場合、生徒を教室から退却させることができるとありましたが、その「授業にかわる指導」とは何ですか。

　他の教師が別室で事情を聞く、反省を促すための指導をする、反省文を書かせるなどがあります。

> **Q** 繰り返しの遅刻で反省もしていないような生徒でも、教室に入れないのは許されないのですか。

　教室に入れずに放っておくのは適切ではないです。別室に入れて他の先生が指導する、あるいは放課後ペナルティを与えるといった指導がよく行われます。

> **Q** 昔は生徒に体罰を加えても訴えられたりしなかったのですか。
> **Q** いつから体罰はいけないという流れになったのですか。

　昔は生徒を叩いても訴えられたりはしませんでした。教師の権威がそれだけあったということでもあります。

　人権教育が浸透しだしてから、平成元年（1994年）に子どもの権利条約が批准されましたが、その頃から体罰の問題化が顕著になってきたのではないでしょうか。そもそも体罰の最初の規定は次のとおり明治時代からあり、体罰は禁止されていました。

　○明治12年の教育令第46条「凡学校ニ於テハ生徒ニ体罰（殴チ或ハ縛

スルノ類）ヲ加フヘカラス」
〇明治33年小学校令47条「小学校長及教員ハ教育上必要アリト認メタルトキハ児童ニ懲戒ヲ加フルコトヲ得但体罰ヲ加フルコトヲ得ス」

※坂田仰『法律・判例で考える生徒指導』（学事出版、26頁）より

> Q 教育現場や親のあいだで体罰に対する意見はどのようなものですか。
> Q 体罰は現場ではある程度黙認されているのですか。また体罰をよしとして行う人がいたらその先生は周りからどのように見られていましたか。
> Q 体罰によって問題になった現場を見たことがありますか。
> Q 部活動などで教師が体罰をしていることを知っている他の教師はどういう対応をすればよいのだろうか。上下関係などでなかなか言えないと思いますが、先生はそういう経験をお持ちですか。

　親も教師も本音を出せばちょっとくらい叩いてもいいじゃないかという声があるかもしれません。"うちの子は叩いてもらってよいですよ"と言う親がいますが実際に叩いたらどういう反応があるか分かりません。その言葉に乗ってはいけません。教師のあいだでは体罰ノーは定着してきたと思います。かつては体罰教師がいましたが、熱心なことは認めつつ困った先生と周りからは見られていました。問題になった現場の経験はあります。体罰教師への対応は黙認するつもりはないのですが、親しくないと言いにくいです。体罰をした本人と親しい教師や教頭から言ってもらうのが妥当です。組織は自浄作用がないと腐ります。外部からの指摘の前に対処しておくべきです。

> Q 体罰を行う先生は、やはり教育法を意識していないのですか。反対派というわけではないですが、どの程度考慮して行っているか気になります。

　結果から言うとあまり意識していないということでしょう。自分に絶対服従させるという人もあれば、体罰はよいとの信念の人、カッとなりやすい人など、いろいろでしょう。

Q 体罰が許されたら素行不良な生徒は減ると思いますか。

　表面的には減るでしょう。ただ教師の目が届かないところではどうだろうか疑問です。力で抑え込むと生徒は従いますが、自己教育力により自らを律するということでなく強い者に従うだけになりがちです。荒れた学校では生半可な指導では進みませんから、体罰は加えないけれども力強い指導をしていく必要があります。たとえばゼロトレランスを貫徹するといった取り組みが重要です。

Q 体罰かどうかの線引きはどうなっていますか。
Q 先生はどの程度なら体罰にならないと思いますか。
Q 教師が生徒を叱っていて、生徒に暴力はふるわないが壁などを殴って生徒を驚かせた場合は、生徒に精神的苦痛を与えていると思うのですが、これは体罰になるのですか。

　肩や頭を手でポンと軽く叩くくらいは体罰にならないと思います。とにかくその時の状況によるところが大きいです。生徒を叩くことは許されませんから、大きな声を出したり机を叩いたりして注意を喚起します。常時脅かすのでなく、たまにそのようなことをするのもだめだと言われるのは辛いです。どのような指導も生徒が受け入れてこそ効果があるというものですから、平素の生徒と教師の信頼関係が大切です。

Q 授業態度が悪い生徒を黒板の前に立たせることは許されますか。

　黒板の前に立たせるのは適切ではありません。立たせても授業に参加させなければいけません。黒板が見えノートに書ける状態で授業参加させます。

Q 昔の映画などで、バケツに水を入れて持たせ廊下に立たせるのはどうなのですか。
Q 廊下に立たせたらやはりダメなのですよね。
Q 部活動において先生やコーチができなかった生徒を殴ったりして教え

るのは体罰には当てはまらないのでしょうか。

どれもダメです。体罰です。

Q パーで叩くのとグーで叩くのでは、体罰の度合いはちがうのですか。
Q 正座や直立を長時間させることも体罰に含まれる点、今の時代を反映しているなと思いました。

叩きかたの程度については判例を見てもそのようです。グーのほうが強烈ですから。

正座や立たせることは戦後一貫して体罰とされています。今に始まったことではありません。

Q 小学校の頃、授業中にいきなり質問して答えられなかった者を立たせておくという先生がいました。別に生徒に落ち度はありませんでした。答えても先生が気に入らなければ座れません。皆これがすごく怖かったです。この行為は体罰というか、いじめに近かったです。

今でも質問に答えられなかったら立たせることは行われているでしょう。それが即、悪ではありません。要は、ほどほどにということです。授業の中で緊張感を持たせることも大切ですし、授業規律を確保しながら授業を効果的に進めていくことも必要です。ひたすら怖くて勉強どころでないということではダメです。

Q 有形力行使以外の懲戒で「肉体的苦痛を与えるものでない限り」とありますが、精神的に苦痛を与えることは可なのですか。手を加えなくても言葉などで体罰にあたるとされることはあるのでしょうか。

学校教育法施行規則第26条には「校長及び教員が児童等に懲戒を加えるに当っては、児童等の心身の発達に応ずる等教育上必要な配慮をしなければならない。」と定められており、心にも配慮が必要です。当然のこと

ながら、教師の言動が生徒を精神的に追い込むことがあってはいけません。生徒の人格や人権を踏みにじるような重大事案では、教師は当然処分されます。

> Q 今の時代、生徒が教師の言うことを聞かないで教師が指導した結果、体罰だと訴えられるような時代だというイメージがあり、理不尽なことや保護者からのクレームといった問題があることから教師は大変だからあまりなりたくないという気持ちも生れます。

そのような風潮が出てきていることは残念なことですが、教師が主体性と信念を持って職責を遂行することです。否定的な側面が強調されて吹聴されますが、日常的にそのような困惑や理不尽があるわけではありません。生徒の成長を確かめながら生徒とともに学校生活をしていくのはたいへん楽しく、やりがいを感じます。

> Q 正当防衛は体罰に含まれるのでしょうか。たとえば生徒が教師を殴った時、教師が生徒を殴りかえした場合どうなるのですか（凶器を持っていた場合も）。教員に正当防衛が許されているとしても、親などはうるさいと思います。どう解決したらまるくおさまるのでしょうか。

教師にも正当防衛は許されます。ただ程度により過剰防衛であるかどうかは問われるでしょう。親との対応は十分に状況を話し理解を求めることが大事です。日頃からの信頼関係、丁寧かつ毅然とした説明が必要です。

> Q 体罰や出席停止になるような問題が起こった時、その生徒が不登校へとつながったという問題はありませんでしたか。また、その後の対応、ケアの話が聞きたいです。

そうしたケースに出合ったことはありません。出席停止からの不登校はないでしょう。体罰がきっかけで不登校になることはありえますので、体罰をした本人以外、教師やカウンセラーなどからの事後指導が大切です。

Q 体罰での先生の処分は、年間何人くらい懲戒処分（免職、停職、減給、戒告）されていますか。

体罰での懲戒処分者数　（人）

	H18	H19	H20
全　　国	169	124	140
兵庫県	12	13	10
大阪府	5	6	6

Q 私の中学は創立記念日に「一日静修」といって一日正座して心を静めようという行事があった。座台などを作ったりしてやっていたが、もしあれを「体罰だ！」と言ったら勝てるのかなと思った（私はよい行事だと思っています）。

　宗教が母体の私学なら座禅をする学校もあります。教育方針として行っているものと懲戒としてするものとは違います。

Q 体罰の問題ですが、やはりいろいろな先生と力を合わせることが大切ですよね。そして1人で判断することは危ないですよね。

　指導者としては個人ですが、学校は組織です。自分の指導の確かさを確認する意味でも、指導への助言を得る意味でも他の先生との協調が必要です。報告・連絡・相談（ホウレンソウ）が不可欠です。

Q 体罰について、親の場合はまた別だということですがどういうことですか。

　教師には学校教育法などの法的規制があります。親の場合、民法第822条で「親権を行うものは必要な範囲内で自らその子を懲戒し」とありますが、親は虐待についての法的縛りもあります。親権行使が児童虐待を正当化するものではありません。

児童虐待の防止に関する法律の第2条で、「この法律において、「児童虐待」とは、保護者がその監護する児童（18歳に満たない者）について行う次に掲げる行為をいう」としてその第1項で「児童の身体に外傷が生じ、又は生じるおそれのある暴行を加えること」となっています。

> **Q** 先生がふりかえりの時に「子どものしつけでたくさん殴ったりして失敗でした」というようなことをおっしゃっていました。育てるのに殴ったりしないほうがよく育つということですか。

親が叩くのをすべて否定する訳ではありませんが、叩くのはできれば避けるべきです。圧倒的弱者を力で訓育することは適切でありません。子どもの性格にもよりますが、多くの場合年齢を重ねても心の傷となって残ります。心に通じる、心に響く叱り方で子どもをしつけていくべきです。私の場合、もちろん怒るばかりでなく一緒に遊んだり楽しいことをいっぱいしてきましたが、叩いたことは悔やまれます。現在ほぼ円滑な関係ですが、昔のことは今さら取り返しがつきません。私の心の中では負い目となっています。

8 生き方に迫る指導

あなたは生徒をどのような人に育てたいですか。

「生徒指導」と言ったら問題行動への指導と捉える人が多いのではないかと思いますが、それだけではありません。積極的に育てていくことも生徒指導です。

「生徒指導資料第3集『規範意識をはぐくむ生徒指導体制』」（平成20年4月、国立教育政策研究所）では次のように示されています。

生徒指導の内容
・児童生徒の人格の育成を目指す発達的な生徒指導
・現実の問題に対して適応したり回避したりするための予防的な生徒指導
・問題行動等に対する規制的あるいは対症療法的な生徒指導

　生き方に迫る指導はこの一つ目に示されている発達的な生徒指導です。
　教師の職務は知識を伝授して次の世代に継承していく教科指導が重要な任務ですが、人を育てていくこともまた重要な仕事であり、やりがいのあることです。人に生き方を説くなら指導できるだけの生き方を持っていなければいけません。これは厳しい仕事です。教師は我が実存を懸けてするものであると思っていますが、それくらいの気構えでないと子どもの心に届きにくいということです。
　私は担任をしている時、学級通信を出していました。毎回冒頭に書いた文の題名をいくつかを記しますと「さあ３年だ!!　自己の確立に向けて」「自分の進路（生きる方向）を見通すにあたって」「『生意気』な生徒の出現を望む」「『一言』の有効性」「執着し意地をもって生きること」「ぶち壊すのは簡単だ　しかし創り上げていくのは大変なことだ」など、今と将来をどのように生きるかを説きました。今読み返しても、担任として生徒にこのような人であって欲しいとの思いが読みとれます。教師の言葉の受け取り方は生徒によって違うでしょうが、生き方を考える契機にはなります。
　卒業後に「先生、高校生でも先生の言うことには影響されますよ」と言った者がいました。そのことが面白味ややりがいであり、重い責任であります。

（注）
　生徒指導資料第３集『規範意識をはぐくむ生徒指導体制』は国立教育政策研究所生徒指導研究センターでダウンロードできます。東洋館出版社からも出版されています。

▼生き方に迫る指導

> Q　授業内やそれ以外で生徒の人格を育てるのに工夫した点があれば教えてください。

指導者の人となりが生徒に投影されていきますので、生徒の人格形成によい影響を与える人間であることが大事です。小手先の工夫よりそうした本質的なことが重要です。したことの一例をあげますと、学級通信に「衣食足りて礼節を知るか」と書いたことがあります。これは中年の人が朝の通勤時に人を押しのけて電車に乗っていくさまを嘆いて書いたものです。また、読んだ本や新聞で感動した内容を伝えたりもしました。このようなことの繰り返しが生徒の心を育てることにつながると思います。

Q 生き方に迫る指導というのは先生によってかなり異なるものですか。

平時にいろいろ言っても生徒の耳にはなかなか入りませんが、事件が起きた時は指導の絶好の機会です。何か事があった時には個人にも集団にも話が浸透します。教師はこの絶好の機会を捕えるべきです。そこで話す内容は通り一遍の話でなく、それぞれの教師の内から出る説得力ある内容でなければなりません。したがって教師によってその内容も雰囲気も違ったものになります。

Q これからの生き方について指導する時、生徒の反応はどのようでしたか。

特別指導で指導される時は真剣な顔をしますが、見違えるように生き方が変わったという経験はほとんどないです。その後の人生において活かされてくることがあるかもしれません。

Q 「発達的な生徒指導」とは具体的にどういうものがありますか。

「積極的生徒指導」と言ってもいいでしょう。マイナスをカバーする指導よりはプラスを育む指導というものです。教師からの人生訓話、係活動、自主活動、部活動、ボランティア活動などは、人格のよりよい発達を目指すものとして行います。

Q 生徒自身の自尊感情を高めるというのが積極的指導の中にありますが、

> 進学校だとどうしても勉強に重点を置きがちになってしまうと思います。そして、この考えを生徒が持っていた場合どのように説得すればいいですか。

　知識の蓄積は大切なことですが、知識の蓄積だけで世の中は渡っていけるものではない、人には多面的な力が要ると繰り返し説く必要があります。進学校で知識の獲得量だけを自尊感情にしていたら、学力が低下した時、学力以外の力が必要となった時、どう対処するか考えさせなければいけません。県下有数の進学校では中学校から成績のよい生徒が集まりますが、高校に入れば300人のうちで300番の成績になる生徒が出ます。この時この生徒はどうするかが課題であると言っていた進学校の校長がいました。

> Q　私たちが思うような生徒指導は問題児に集中してしまいがちだが、自己肯定感を育むためにはおとなしい生徒にこそ声を掛けることが大切なのではないですか。

　そのとおりです。そのことは大事なことです。おとなしい生徒には安心感があるものですから声を掛ける回数が減りがちです。教師に一声掛けられたことがその生徒の力になることがしばしばあります。"先生にあの時、頑張りなさいねと言われたのでとても元気が出ました"と、教師も忘れたような一言を生徒が後々まで覚えていることがよくあります。

▼指導一般

> Q　第一印象が怖いほうがその後の生徒の態度が変わりますか。
> Q　「生徒は教員の足元を見る」の話で"引かずに"とは具体的にどういうことでしょうか。

　第一印象は大きいです。怖いのはそれから後にも見せられますが、生徒は教師の人間性を見抜きます。また教師の構えにも敏感です。教師の人と

なりによって生徒の態度は左右されます。教師という仕事は人間性を懸けてやる仕事だと思います。それがやりがいでもあり、しんどいことでもあります。

　"引かずに"というのは、困難校で典型的に表れるのですが、厳しい要求を一歩緩めると生徒はそこを突いてきます。たとえば授業中の私語を目こぼしすると、どんどん私語をする生徒が増えてくるといった類です。逆に生徒に高い要求を続けていくと生徒はその要求ラインに沿ってくるようになります。

> Q　生徒を教育する立場を通して、生徒指導で矛盾を感じたこと苦労したことはありますか。

　初任校は無処罰的な学校でした。話をして分からせるというのは綺麗なのですが現実はそう甘くなく、悪いことは悪いと毅然として指導していかないと学校秩序は崩れてきます。案の定、学校は荒れました。その犠牲者は生徒です。生徒のことを思っての指導体制だったわけですが、結局そうではありませんでした。個人として思っていることと学校組織として動いていることとが一致していない場合は悩みます。

> Q　今までに性行不良を経験した、または見たことはありますか。
> 　　先生が学校に勤めていた時に警察沙汰になったことはありますか。

　数多くの問題行動に出合ってきました。喫煙、飲酒、器物損壊、暴力、万引、恐喝等。この中で警察のお世話になったものも多くあります。長い教職生活の中ではいろいろなことに遭遇します。問題行動の続発に振り回されていたら他の仕事が滞ることもしばしばですが、生身の生徒がいる限りは放っておけません、指導には多くの時間を費やしますから"これからはしっかりしてくれよ"と心底思います。

> Q　問題行動への指導をする時に最も気をつけることは何ですか。
> Q　どうやったら校則を破った生徒が素直に聞いてくれますか。

> Q 問題生徒を立ち直らせることはできると思いますか。懲戒をして本当に生徒の自己指導力を育成できるのでしょうか。

　よくないことをした生徒をそのままにしておくわけにもいきません。問題行動であるとの認識を十分にさせ、今の自分をどのように思っているか、これからどのような生活をしていったらよいか、親に心配をかけ落胆させたが親のことをどのように思うか、などに留意して指導します。一方、教員の指導体制としては、守らせるべきことは守らせる指導を堅持することが重要です。

　違反をしても大抵は善悪の理解はしているので聞くことは聞きます。ただ、それを実行に移せるかです。真に立ち直らせるのはなかなか難しいですが、そうさせたいと努力します。粘り強くします。育てるのが教育です。

> Q 先生が今までで一番難しいと思った指導は何ですか。

　男女2人で家出してなかなか帰ってこなかったことがありました。帰ってきた時どのような指導が適切かということは難しいことでした。教師は自分に関わる仕事は一人でさばいていかねばなりませんが、難しい時こそ同僚・先輩に相談すべきです。

> Q 生徒を信頼するとは建前で、やはり疑問を持って生徒に接することに罪悪感はないですか。

　生徒を信頼したいし、信頼できる時は多々あります。ただ多くの生徒を抱えている学校では問題行動を起こす生徒もいます。したがって、常に"大丈夫かな"という気持ちで生徒・生徒集団を見守っていきます。そのことは罪悪感を持つようなものでは決してありません。

> Q 小学生の時、担任から目撃情報によりある事件の加害者にされました。何度違うと言っても信じてもらえませんでした。自分が先生になった時、生徒を信じたいと思いましたが、実際は難しいことでしょうか。

疑わしいが"自分がしました"と言わない生徒の指導は「深追いしない」ことです。信じる・信じないは難しいですね。教師の仕事は、信じても裏切られ、裏切られても可能性を期待して指導するということが多々あります。該当生徒も先生を裏切る意思はないが、いつのまにか悪いことをしているといったことの繰り返しでしょうか。もちろん信頼に応えて素晴らしいことをする生徒も数多くいます。そういう毎日の繰り返しの中で生徒は成長していきます。

> Q　生徒が嘘をついていると分かっていても、先生は黙ってその話を聞きますか。話の途中で指摘しますか。生徒の嘘をどこまで信じていいのでしょうか。

　終わりまで聞くでしょう。言うことを全部言わせたほうがよいと考えます。その話の裏づけが取れるものは取って、あるいは取る努力をして真実がどれかを見極めていきますが、最終的に見極めきれないことはあります。「嘘の究明」で生徒を追い込みすぎない一方、生徒のこれからの人生において虚言慣れしないよう「虚言を放置しない」ということにも留意する必要があります。病的である時は専門家の助言を得ることも必要でしょう。

> Q　昔と比べて生徒指導がしにくくなっている（理由：モンスター・ペアレンツやセクハラ、体罰の制限などによって）のではないかと感じていますが、先生はどう思いますか。

　そう思います。生徒にはよいことと悪いことをわきまえさせ、礼節をきっちり身に付けさせるべきです。法令は守りながらも信念を持って毅然とした指導を行うべきです。マスコミもよくないです。マスコミのこと、保護者や生徒の関係は後に述べます。

> Q　生徒と友人のように接してしまうことはダメなのですか。
> Q　友達教師になってはダメだとおっしゃっていましたが、生徒と同じような目線までおりてきて接してくれる先生のほうが、生徒も話を聞き

やすいのではないでしょうか。

Q 今、中学校に部活指導に行っているのですが「友だちのように接してはいけない」かといって「怒るだけの厳しい指導をしていてもいけない」と実感しています。一番いい方法は見つかっていません。とても難しいと感じています。

　友達ではダメです。生徒目線に立つことは確かに大事です。ただ、あくまでも指導者と被指導者ですからその立場は堅持しておくべきです。生徒と馴れ馴れしくしていると、ここぞという時に指導ができなくなります。
　君のその中学校での活動はとてもよい経験をしていると思います。悩みながら試行錯誤をして指導者の立場を掴んでいってください。

Q ５年ほど前に母親が「ほぼ全員が茶髪でピアスをして顔黒で見た目はすごく悪そうなのに挨拶とかはしっかりできていてすごく偉かったよ」と驚きながら話してくれました。「内面の乱れは外見から」とありましたが、こういう学校がある以上そうは言えないと思います。

　いくつかの困難校を含め長い間学校現場で勤務してきましたが、私は内面の乱れは外見に表れると思います。外見は常識的でなくても自立かつ自律できる人は時にはいますが、多くの場合そうではありません。「自由」で指導しきれる自信があるならその教育観を貫いたらいいでしょう。そうした生徒は外部の人への対し方と教師への対し方が大概違うものです。多くの場合、社会生活をする上で適切な人間関係を保つことができるとは思えません。

Q 最近の子どもたちの問題点がいくつかありますが、すべての子どもに忍耐力が欠けているわけではないし、自立心がないわけではないと思います。普段から子どもと接する機会がよくありますが、大人よりちゃんとした子どもはたくさんいます。それに"今の子どもは"とか"今の若者は"と言われますが、そんな子どもを育てたのは今の40代、50代の大人であり、そんなことを言う権利なんかないと思います。

なるほど鋭い指摘です。一般的傾向としてあるということです。「今の子どもは」は昔からある言葉です。教育の場では将来を憂えるから問題点を指摘してそれを克服しようということになります。実態把握は主観で見た結果であってはいけません。いくつかの調査統計に表れた結果から論じられ、実態を把握した上で手立てが講じられます。ここで言っている子どもたちの状況は調査統計に表れた実態から言っているものです。また、権利があるとかないとかいう筋のことではありません。

> **Q** 生徒間で問題が発生し生徒指導をする時、当事者間で和解し加害生徒に対し懲罰しないで欲しいと頼まれた時はどうしたらよいでしょう。

"お言葉はありがとうございますが、学校は学校としての指導が必要であると考えますので指導をいたします。今後ともご協力をよろしくお願いいたします"と言いましょう。

> **Q** 学校が荒れるのを防ぐためには、はじめの3人までの段階で厳しく指導するとおっしゃっていましたが、具体的にどういう指導をするのですか。
> **Q** 規律が大切であるということは分かったのですが、具体的に普段から心がけることは何でしょうか。怒る、しかる、どなるだけでは守らないように思います。

ダメなものはダメと言う。何か事件等があったら該当生徒を呼んで個別に注意し、集団に対しても指導を加える。目こぼしをしないことです。教師の日常の指導姿勢が反映します。たとえば授業中に私語をしているとしましょう。何も注意しないで次の時間がきたらどうでしょう。逆に、私語をすると他の人や先生はどう感じるかを伝えるとどうでしょう。私はこの前の授業で私語をしている2人の学生の側まで行って注意し、「ふりかえり」でも指摘しました。また教師ひとりの実践だけでなく教師集団が毅然とした指導体制をとっていくことが大切です。なおかつどうしても規律を守らない者にはペナルティを課すことも必要です。

荒れた学校を再建するのは教職員が一丸となってやっても3年はかかりますが、学校が荒れるのは1ヵ月もあれば十分です。ですから破れ窓理論・ゼロトレランスで実践する必要があるということになるのです。

9 叱る

「怒る」と「叱る」は違います。

　生徒に言葉をかける時、どんな言葉を使うかは簡単そうで難しく、不適切な言葉を発してしまったら生徒の心の傷として長く残る場合があります。励ましになる言葉、褒める言葉、叱る言葉、このうちで最も難しいのは叱る言葉です。教育は効果があってのものですから、生徒が受け入れなかったら意味がありません。励ましになる言葉や褒める言葉については"よく頑張っているね"と言っても、生徒からすると意を尽くしていないかもしれませんがマイナスになることはないでしょう。しかし叱る時は、どこで、どのような雰囲気で、どのような言葉でするかが適切でないと反感だけを持たせることがあります。教師はどうしても叱る言葉ばかりを発しがちですが、それでは生徒も楽しくありません。生徒の叱りかたについてスキルアップが必要です。

　担任をしていた時、クラス単位で遠足に行きました。2人の生徒が遅れたので全員その2人を待ちましたが、来た時に2人から謝りの言葉もなかったので皆がたいへん怒りました。私は"何か言うことはないか。このまま帰るか"と言い、後日の学級通信に他の生徒からの叱責の声を載せました。生徒同士に関わることなら教師が叱るだけでなく生徒が叱ることが効果的です。生徒が約束事を守りあうことは集団にとって大切なことです。

▼叱り方・効果的な指導

Q 「怒る」と「叱る」の違いとは。

> Q 「怒る」は感情的、「叱る」は指導的ということでしたが、叱ることと怒ることはどのように使い分けていらっしゃいましたか。また、先生は高校に勤めていた時、実際に「怒る」と「叱る」の違いでお悩みになったことはありますか。

「怒る」は感情的、「叱る」は指導的行為です。この違いで悩んだことはありませんが、怒っても叱っても生徒すべてが聞き入れるとは限りません。その悩みより、その指導が聞き入れられたかの確信が持てないことが難儀なことでした。「怒る」と「叱る」を意識して使い分けることはあまりできず、実際は腹が立って怒ることが多いのですが、怒った後"なっ！考えてみろ"と叱るパターンが多かったです。たとえば授業中に先生が怒った時、感情的に怒ったままの表情で先生が授業を再開しても、その後の授業はギクシャクしたものになります。教師は自分の感情を制御する力が要ります。

> Q 生徒を頑張らせるには（怒る×褒める）だと思いますが、どのようにしたらいいのかわかりません。また、児童生徒を叱る時のポイントはどこですか。
> Q 叱る時に使える言葉を教えてください。

悪いことをしたらたしなめる、よいことをしたら褒めるなど、その度に生徒に伝えることが大事です。皆さんが経験した「感動した先生の言動」は自分の経験から得たものですから参考になるのではないでしょうか。よく言われるのは、楽に飛べるハードルの高さを示すのでなく、今の力より少し高いハードルを示すことです。

叱るのは効果があっての行為ですから、どうすれば効果があるかを考えて指導しなければいけません。叱られている意味を分からせることが大切で、厳しい口調がよいか優しい口調がよいかも子どもの性格やその時々の状況により選ぶことが必要です。人格を傷つける言葉は禁物ですが、中途半端でなく明確に言い切ることが必要な場面が結構あります。

> **Q** 褒めることは叱責するのより難しいと思う。

　叱るほうが難しいと思います。叱る際には人格否定をしたらダメですから配慮が要ります。褒めるのは特別なことでなく普通のことをしていたら褒めたらいいのです。たとえば掃除をしっかりしたら"よし、よくやった！"と言ってやれば子どもは悪い気はしません。

> **Q** 私は叱るのがあまり好きではなく、叱ることに意義をあまり見出せません。その場合、叱らずに解決したいのですが、先生は、現場でこれは成功したという指導方法はありましたか。
>
> **Q** 先生は、指導者として厳しく言う時は言う、それをフォローする時はフォローするというバランスをとって指導できるようになるまでどれくらいかかりましたか。

　山ほどの事例がありますが、成功かどうか明確でないので事例は記しません。

　叱らないで善悪のけじめや規範を理解させることができるなら叱らずに指導することもあるでしょうが、私は叱ることは必要であると考えます。生徒によっては構って欲しいので叱られることを期待して悪いことをする時があります。

　大切なことは生徒に「伝わること」が絶対です。「伝わること」はどのようなものかは、紋切り型の話でなく自分がそれまでに得てきた自分の財産をフル活用して真に思っていることを話すことです。さまざまな体験・思索を重ねておくことが大切だと私はよく言いますが、自分が持っているものは説得力があります。最近の言葉で言いますと、教師力・人間力が大切であるということになります。指導する立場の者は生徒のご機嫌取りをせず信念を持って毅然として言うべきことは言うことが大事です。

　バランスをとって指導できるようになったのは35歳くらいからです。若い先生でもこれが完璧にできる人がいますが感服します。

▼制服指導

> Q 服装や身なりを正させるにはどのような指導が一番有効だと思われますか。私の学校では「周りの子みんなやっているじゃない」の理由で生徒たちはまったく聞く耳をもっていませんでした。校則を守らせるためにどんなことをしましたか。

ぶれない指導をする。つまり、教師が前に言っていたことと違うことを言わない。生徒によって差をつけない。「守らせる」なら守らせる指導をする。注意したりしなかったりという中途半端なことではよい結果は生まれません。指導するなら指導するです。そして大事なのが、どの教師も同一歩調で指導することです。

> Q 「服装がよくない学校に企業の方が求人票を持って来られた」という話がありましたが、実際、その学校からそこの企業に雇ってもらえたのですか。

企業が採用するのは学校でなく個人ですから、受験者の資質が判断され多くの生徒が試験に合格しています。会社の人事担当の人は学校訪問時のイメージも印象として残りますので、花壇に花が咲いていて生徒の服装に乱れがなく挨拶をする学校なら学校イメージがよく、損得という表現で言うと得です。

学校の玄関に入るとその学校の雰囲気を感じると来客者に言われたことがありました。雰囲気がよかったとの言葉をいただき、校長としてたいへん嬉しかったです。

> Q 制服指導で、男性教師が女生徒のスカート丈を指摘することは難しくなかったですか。問題はありませんでしたか。制服の話が出てきましたが「個人の自由」と「学校規則」という相反する言葉を聞きます。どういう指導が望まれるのでしょうか。

問題なしです。指導としてするのですから問題だと言う人が問題です。学校には校則があり、生徒は校則を守らなければいけません。校則で決められているところに個人の自由が入り込むことはありません。自宅に帰って何を着ようが、それは個人の自由です。

> Q 制服のある学校と私服校では、どちらが生徒の規律に関してよい影響があると思われますか。なぜ中・高で頭髪や服装といった外見の指導が行われるのですか。また、どの程度服の指導を行えばいいのでしょうか。

制服がよいと考えます。制服を着用していると、学校の看板を背負っていて勝手なことはできないという気分に潜在的にもなります。また、制服ではどこにでも行けないという気分になると思います。身なりの指導を行うのは「内面の乱れは外見から」がありますので内規をつくって指導をしています。学校には多くの生徒がいて自己規制ができる子ばかりではありませんので、適切に着用させていく必要があります。

なお近年、制服業者が生徒向けに着こなし講座を開いて服装指導に寄与しています。生徒の評判もよく効果的であるとのことです。

▼三ない運動

> Q 単車事故で生徒を亡くされたとおっしゃっていましたが、生徒の単車使用は文部省が全面的に禁止していないのでしょうか。

法律上は16歳から原付免許が持てますので、国の立場で単車禁止は言えないでしょう。ただ「免許を取らない、乗らない、買わない」の「三ない運動」について、文部科学省の立場から不適切であるとの声は聞いたことがありません。「三ない運動」はPTAが要望をして出発した経緯もあります。また「三ない運動」を規定した校則について「社会通念上不合理であるとはいえない」との最高裁判例があります。最高裁は、バイク規制の全国的動向、父兄からの要望、規制の目的および事故の減少効果などか

ら、合理性を肯定している、とのことであります（坂田仰『法律・判例で考える生徒指導』学事出版、88頁参照）。

学校としては、とにかく生徒の命を守りたいという一心です。

10 携帯電話

電子媒体は人間関係を変えます。

携帯電話やインターネットが普及し、次々に情報媒体が開発されています。アナログ世代にはとてもついていけない状況です。物心ついた時からそれらの機器があった世代は、それによって情報のやりとりをすることに何ら疑問を持ってないようです。これらの電子媒体はたいへん便利なものですが、対面しなくても情報交換ができ、コミュニケーションはどうなっていくのか、人間と人間の関係はどうなっていくのかという危機感を持ちます。対面して話していれば表情を見ながら話ができ、自分の考えは表情でも言葉でも瞬時に相手に伝えることができます。メールで（笑）とか絵文字を使うのは無意識に表情をつけようとしているのかもしれませんが、本当の顔は相手に見えません。対面しない情報交換は表情など無縁のものになりますから従来の人間同士の関係を根底から崩したものになっていくと思います。今さら後戻りはありえませんが、児童生徒に意思伝達のありかたや仮想現実の適切な理解を深める指導が極めて重要であると考えます。

▼携帯電話

Q 先生は生徒がケータイを持つことに関して、どのような意見をお持ちですか。
Q 生徒がケータイを使用しているのを目撃した時にどのように対処したのですか。
Q 社会生活する上で必要だと思いますか。

生徒が携帯電話を持つ必然性を感じません。まして小・中学生が持つ必要はありません。事件に遭遇した時に必要だとの声を聞きますが、助けを求める必要があるほど危ない時に電話ができるでしょうか。平時にいたずらメールなどの被害に遭うほうが、よほど危ないと思います。私が教諭の頃、携帯はなかったです。校長時の学校では、学校への持込みが発覚したら預かった上で後に返すことにしていました。社会人になった場合は持たざるを得ないでしょう。

▼ネット

> Q 先生は、親はどこまで子どもを監視するべきであると思いますか。たとえば子どもがアクセスしたサイトなど親はしっかり確認すべきだと思いますか。

監視しきれるものではありませんので、不適切なものにはフィルターをかける等は親の責任ですべきことです。小手先のことでなく小さい時からの養育により間違いをしない子にしておくことが大切です。

> Q 今よく聞く「ネトゲ中毒」の生徒を先生は見たことがありますか。今はこれで浪人する子もいるらしいので気になります。

見たことはありません。ほとんど病気の世界で自業自得と言いたいところです。ネットでネトゲを検索してみると無料のものの案内など多量の情報量にびっくりしました。そのようなものに支配されている現在はおかしな時代です。やはり実体験の楽しさを知ることが必要であると思います。

▼仮想現実

> Q テレビゲームなどは1日何時間くらいが適切だと思われますか。
> Q 仮想現実とはどのようなことだろうか。具体的にどのような問題が生じるだろうか。

0時間です。PCゲームの中では死んだ者もリセットすれば生き返ります。現実とPCの世界を混同する子どもがいると言われ、自殺しても生き返ると信じる子どもがいます。こうしたことから、身体を動かす体験、動物や植物と触れあう体験が大切であると言われています。現在のテレビでも気になる映像が多々あります。たとえばNHKの『お母さんといっしょ』でも、映像や音楽がもう少し落ち着いたものであればと思います。私の歳のせいでしょうか、ピンポンパンやポンキッキが懐かしいです。

　また、コミュニケーションの点から言いますと、人は他の人と交わりながら生活していきますので円滑な意思伝達が必要です。この点PCや携帯でのメールは簡略化した内容になることにより、その真意が伝えきれないことがしばしばあります。また人の表情はコミュニケーションにおいて大きな役割を果たします。対面して話している時は表情を見ながら言葉を交しますので、意思伝達が確かなものになります。

　PCや携帯は便利なものですが、絶対的なコミュニケーション・ツールではないということを十分認識しておかなければなりません。

11 いじめ

いじめはどの子にもどこの学校にも起こり得るものです。

　小学校・中学校・高等学校で経験したいじめについて私の講義を受講している学生に行ったアンケート結果を示します。

　「いじめられたことがある」は207人中69人、内訳は小学校48、中学校25、高等学校7でした。一方「いじめたことがある」は207人中55人、内訳は小37、中24、高4でした。

　経験したいじめをどう思ったかについてそれぞれ一つずつ紹介しますと、された者として「中学時に仲間はずれにあった。とても辛かった。自分は生きている価値もない人間だと思った。しかし、今では受け入れてくれる仲間がいて生きていてよかったと思っている」。したほうは「その時

は楽しかったけど、今は本当に後悔している」というコメントがありました。この経験は単年度でなく小学校から高等学校までの長い期間での人数ですが、身近な所でもいじめが多いという実態を改めて認識しました。

　私が子どものころにもいじめはありましたが、最近のいじめは意思のない集団が付和雷同的に行っている印象があります。他の人がしており、自分がされる側になりたくないから自分もいじめをするという具合で、児童生徒の主体性のなさが大きく関係していると思われます。この学生アンケートでは「いじめられた」人が「いじめた」経験もしている人が24人いました。

　文部科学省調査による平成20年度のいじめ認知件数は、小学校40,807件、中学校36,795件、高等学校6,737件、特別支援学校309件で、いじめを認知した学校数の割合は40.0%となっています。また平成18年度から調査項目に加わった「パソコンや携帯電話等で、誹謗中傷や嫌なことをされる」がいじめ認知件数に占める割合は5.3%で前年度比0.5ポイント減となっていますが、私は携帯電話等によるいじめはこれから増えていくのではないかと危惧しています。校長在職時に特定のクラスでメールによるいじめがあり、個人面談やホームルーム・学年集会での指導を繰り返し、警察に被害届を出して発信元を究明してもらうこともしました。授業での学生へのアンケート調査では「いたずらメールをもらったことがある」と答えた数字は、210人中125人で約60%でした。携帯電話等は通信手段としては便利なものですが、いじめに直結するところがありますから所持と使用について厳しい指導が必要と考えます。

　次に、参考までに文部科学省が整理しているものを示しておきます。

　いじめの定義は「当該児童生徒が、一定の人間関係のある者から、心理的・物理的な攻撃を受けたことにより、精神的な苦痛を感じているもの。なお、起こった場所は学校の内外を問わない。」です。

(注)
(1)「いじめられた児童生徒の立場に立って」とは、いじめられたとする児童生徒の気持ちを重視するということである。
(2)「一定の人間関係のある者」とは、たとえば、同じ学校・学級や部活動の者、当該児童生徒が関わっている仲間や集団（グループ）など、当該児童生徒と何らか

の人間関係のある者を指す。
(3)「攻撃」とは、「仲間はずれ」や「集団による無視」など直接的にかかわるものではないが、心理的な圧迫などで相手に苦痛を与えるものも含む。
(4)「物理的な攻撃」とは、身体的な攻撃のほか、金品をたかられたり、隠されたりすることなどを意味する。
(5) けんか等を除く。

次に「いじめ問題への取組の徹底について」(平成18年10月19日、初等中等教育局長通知)と「平成20年度児童生徒の問題行動等生徒指導上の諸問題に関する調査結果について」(平成21年11月30日、初等中等教育局児童生徒課長通知)から主要な点を示します。

- 「いじめは人間として絶対に許されない」との意識を児童生徒一人一人に徹底する。
- いじめる児童生徒に対しては、毅然とした対応と粘り強い指導が必要である。
- 学校がいじめを認知できていないケースがあるのではないか。
- 未然防止と早期発見・早期対応の取組体制を推進する。
- 実態把握に当たって、いじめはどの学校でもどの子どもにも起こり得るものであることを認識し、「アンケート調査」や「個別面談」、「個人ノートや生活ノート等の活用」など、定期的に児童生徒から直接状況を聞く機会を確実に設けること。

いじめる側がいじめられる側になったり、どの子どもにも起こり得るものであったり、子どもたちが教師に隠れていじめるので発見しにくいことがありますが、教師一人一人が人権感覚を持って児童生徒に接して信頼関係を深め、教師同士が情報交換を密にして防止・発見・解決にあたらなければなりません。

▼いじめ

> Q やはり、いじめはなくならないのでしょうか。

残念ですが、なくならないでしょう。昔もいじめ行為はありましたがア

ソビ的でした。今のいじめは付和雷同型で意思のない集団が行っているという危うさがあります。されるほうもするほうも個をしっかりと持って主体的に生きることを体得させなければいけません。

> Q 担任をもったクラスでいじめがあったことはありますか。その時はどうしますか。
> Q 先生がいじめを見つけたり報告されたりして知った場合、どのように対応しますか。
> Q いじめが発覚した場合、どう対処することでおさまりますか（頭ごなしに注意するだけではよけいひどくなりますよね）。

　見つけたことはありません。知ったときは「ダメなものはダメ」という明確・毅然とした態度が必要でしょう。また、個の指導と集団の指導と両方いるでしょう。事例により具体的対処は違ってきます。
　いじめへの対処について概略を記しておきます。
　○指導者の平素のありかたとしては
　　育てる生徒像を持つ　自立を目指して育てる　常に生き方指導をする立場を持つ　ダメなものはダメという毅然とした姿勢を示し、伝え、行動する
　○学級経営の平素の方針においては
　　個を把握する　居心地のよい楽しい学級を創る　一人一人を大事にする言動をとる　自治集団として育てる
　○いじめがあったら
　　事実関係を正確に把握　学年会に報告　保護者に報告　原因を分析　対策を迅速に行い早期解決を図る

> Q 中学の頃の担任がよく「弱い者イジメをするな」と言っていたのですが、私はこの言葉がどうも好きではありませんでした。「弱い者」という表現は先生自身が「こいつは位が下だ」と肯定しているように感じていたからです。先生はこれについてどう思われますか。また、代わりの言葉を用いるとすればどのようなものがあるでしょうか。

私は「弱い者」イコール「位が下の者」との認識はありません。「弱い者をいじめるのは人間として最低」の表現で違和感はありません。弱い人には援助の手を差し伸べないといけないという意味も含まれています。

> Q 誰にも話していないいじめはどのようにしたら早期に発見できますか。やはり担任がクラス内で起こっているいじめに自ら気づくというのは難しいのですか。
>
> Q 高校生がいじめを誰にも相談していない状況をどうすれば打開できるとお考えですか。「相談」をしない生徒は悩みをどのように解決するのだろうか。

いじめは教師に分からないようにするので発見の難しさがあります。教師がクラスをどれだけ掌握しているかによります。個やグループの言動の観察、アンケート調査、教師同士の情報交換、保護者との連絡により早期発見が重要です。

参考までに平成20年度文部科学省調査から紹介します。いじめ発見のきっかけは中学校・高等学校とも「本人からの訴え　中：28.4%　高：32.1%」が最も多く、「担任が発見　中：19.3%　高：12.3%」「アンケート調査等により発見　中：17.9%　高：22.6%」が次に多くなっています。小学校は「アンケート調査等により発見　30.6%」が最多で、「担任が発見　21.4%」「本人からの訴え　19.9%」と続き、小・中・高ともその次に「保護者からの訴え　小：16.9%　中：16.4%　高：11.8%」となっています。特別支援学校は中学校と大差ない値です。

また、いじめられた児童生徒が相談しているのはどの校種とも「担任」が最多で「小：67.7%　中：68.8%　高：54.3%　特別支援学校：67.0%」です。この調査結果からも担任のありかたの重要さが指摘できます。なお、いじめられたことを誰にも相談していない高校生が14.2%あり、発見や相談をしやすい環境を学校につくっていくことが求められます。相談しない子はそれぞれ性格があり内向的な人もいます。"自分をオープンにする生き方もあるよ"と話したり、人と交わる場に参加させたりすることが相談できるようになる一つの方法と思います。いじめを誰かに言えたら楽にな

るだろうと思います。それが「学級崩壊」に出くわす教師と同じようにも思えます。困ってしまっているから、また、自分で処理できないから誰にも言わない、ということで泥沼化すると言えます。気軽に愚痴を言えばいいと教えることも必要です。

> Q 先生が勤めた学校では、いじめに対する内規やマニュアルのようなものはありましたか。
> Q 心理的ないじめをした生徒たちを処分することはできますか。

いじめに限定した内規やマニュアルはなかったです。件数は少ないし、他の問題行動に準じて指導していました。

体の辛さより心の辛さのほうが苦しいということはしばしばあります。無視したりするような精神的にいじめる生徒は厳しく指導すべきです。

> Q 心のいじめとして陰口を叩かれている場合、被害者が気づいていなくてもいじめ解決のためには被害者への報告は必要なことでしょうか。

まず陰口を言っている本人に対する指導が必要です。いくら正当な内容であっても陰で言うのは不適切ですから、陰口を言っている本人に内容を確認した上で陰口を言わないよう指導します。いじめとしての陰口を放置してはいけません。本人に伝えるかはその時の状況によりけりですが「いじめ」は解消したいです。

> Q 中学1年生でいじめが最多である原因を先生はどのように考えますか。

思春期に入る発達年齢で体の変化とともに精神的な変化がみられる、複数の小学校から入学して6年間経験した人間関係が一変し複雑化する、学年生徒数が拡大する、教科担任制となり担任が丸ごと面倒をみる仕組でなくなる、学習が高度化するなど、さまざまな要因があるでしょう。

> Q ネットいじめ(裏サイト等での)に対する指導法はどのようにしていま

すか。

　「学校裏サイト」は在学生や卒業生などが学校の名前をつけて立ち上げたサイトで、単なる情報交換に使われておらず実名での誹謗中傷やわいせつ画像の掲載、いじめや援助交際の温床になっているものです。

　メールやブログなどの利用についての指導や家庭でのしつけに備えた情報提供をして、いじめられた時にはすぐに大人に相談するよう十分にしておく。掲示板等への書き込みには、管理者に書き込み削除の依頼、プロバイダに削除依頼、書き込み人の特定、書き込まれた子どもへのケア、書き込んだ子どもへの指導、それぞれの保護者とともに対応などをする。

　以上はインターネット社会におけるいじめ問題研究会（兵庫県教育委員会）「ネットいじめ・誹謗中傷の解消に向けて」（2008年3月）に記されている内容です。

　事案によっては懲戒対象とすることや警察など関係機関に相談することが必要です。

Q　先生間のいじめはありますか。
Q　いじめを見て見ぬふりをする教師をどう思われますか。

　教師間でまったくないとは言えません。非常に稀ですが、いじめというより物を隠すなどの嫌がらせがあります。会社でもあります。

　見てみぬふりをする教師は不適切です。フザケかイジメかの判別ができないときはあるでしょうが、いじめではないかと思ったら関係の教師にも連絡してできるだけ早く対処しなければいけません。

Q　問題生徒がよく「○○にいじめられた」といじめられてもいないのに教師に申告していました。私もその被害者で、先生は「とりあえず謝っとけ」といじめてもいないのに謝らされました。こんな解決の仕方はありですか。

　十分な説明なしに納得できないまま謝罪させられたなら適切ではないで

す。人間関係は難しいもので主観的には意図しなくても相手を不快にさせたり、心に傷をつくっていたりすることがあります。双方が十分真意を分かりあい、これからの関係が円滑に行くようにすることが大事です。また第三者の客観的見方や判断も参考にすると、さらに誤解がないものとなります。

> **Q** 小学校でいじめ問題（友人関係が悪い）があり女子全員で1人1人に言いたいことを匿名で書いて渡すことありました。それはよい解決策ですか。書いてあるのはみんなほとんど悪口でショックを受けました。

結果からするとよくなかったということです。教師がどのように子どもたちに言った後に書いたかが気になります。教師がどのような願いを持ってするかを十分に伝えた上で書かせたのでしょうか。匿名は怖いですから十分な事前指導と書いたものの扱いを慎重にしなければいけません。本来は生身でのコミュニケーションがよいです。

> **Q** いじめを受けた人が「いじめ」と感じたらいじめであると高校の生徒手帳に書いてありましたが、もしそうであるならいじめと単なるからかいの境界線はあいまいだと思いました。互いの人間関係によって決まるのでしょうか。

あいまいですから「いじめ」として把握しにくいところがあります。「受けた人が感じたらいじめ」はそうでないこともあると思います。人にちょっかいをしたり人のことや状況を考えずに喋ったりする生徒がいてクラス全員に嫌われていましたが、その生徒は"いじめられている"とよく大きい声で言っていました。この生徒の場合、私から見てもいじめられているとは見えませんでした。このようなケースもあります。からかい程度ならいじめられていると思わない人もいますから、その時々の状況を吟味しなければいけません。

> **Q** いじめと暴力行為の違いは何ですか。

カッと立腹して叩く場合もあれば、暴力を加えながらいじめることもあるでしょう。調査で分類する時は微妙なところはありますが、問題を解決することが重要なことです。

▼自殺

Q いじめで自殺した生徒の保護者に対して、教師はどのようなことをすべきですか。

難しいです。保護者は原因を知りたいでしょうから調査して得た情報をできるだけ丁寧に伝え、落胆が大きいでしょうから親しかった生徒が話しに行くなどの配慮もするとよいと思います。人一人のかけがえのない命が失われているのですから誠心誠意対応することが必要です。

文部科学省から、平成22年3月に「平成21年度児童生徒の自殺予防に関する調査研究協力者会議審議のまとめ」が出され、その添付資料として「子どもの自殺が起きたときの緊急対応の手引き」が公表されています。また、平成21年3月には「教師が知っておきたい子どもの自殺予防」のマニュアルが作成されています。いずれも、文部科学省のホームページからダウンロードできます。

Q もしも自分の生徒が死んでしまったら、先生はどのような態度をとりますか。

混乱すると思います。命をなくすことは大きいです。

それまでに何かできなかったのかとか悔やまれるでしょう。周辺の生徒にも適切なケアが必要です。何が適切かは分かりません。私はすでに学校を離れていますが、そのようなことがないことを願うばかりです。

次の表は全国の国・公・私立学校の児童生徒の自殺の状況です。

	H18	H19	H20
総　数(人)	171	159	136
小学生(人)	2	3	0
中学生(人)	41	34	36
高校生(人)	128	122	100

Q　死ぬことはいけないことであることを示すために、特別活動の時間に倫理の授業を行うのはOKでしょうか。

　特別活動の時間に「倫理社会」の授業をするのはだめです。授業は授業時間に特別活動の時間には特別活動をしなければいけないからです。質問の趣旨を特別活動の時間に生きることと死ぬことを教えたいということと理解しますとぜひすべき内容です。子どもに考えさせるべき大切な教育活動で、指導資料も出されていますから十分研修をしてぜひ行ってください。

▼不登校

Q　不登校の生徒はどのようにすれば学校に来ると思いますか。

　阪神淡路大震災後それまでの不登校生が登校するようになったとか、定時制高校に入学すると登校するようになったなどにも示唆があるように感じます。定時制高校では、中学校時代に不登校であったのに、高校に入ったらまったくその雰囲気がない生徒が何人もいました。それは私のまったく主観的な見方ですが、高校入学までは親の期待が大きくその重さが学校へ行くことの妨げになっていた。欠席が多く内申書が良くないために全日制の高校に行けず、しかたなく定時制に行った時点で親も過大の期待を捨て、その子はその呪縛が解けたために学校に行くようになった、というものではないのかと定時制高校勤務の頃思いました。

Q　不登校の定義について「病気」なども「不登校」の範疇なのですか。

> Q 1年に30日間欠席したからといって、すべてのケースを不登校に当てはめたら、具合が悪いのではないのか?!

　学校基本調査での「不登校」は「何らかの心理的、情緒的、身体的、あるいは社会的要因・背景により、児童生徒が登校しないあるいはしたくともできない状況にあるもの（ただし、「病気」や「経済的な理由」によるものを除く。）」です。日数については統計処理上どこかで線引きが要るので30日としているのでしょう。

> Q 先生は、小学校にちゃんと行ってない子の弱点は何だと思いますか。
> Q 不登校の生徒への対応をもう少し詳しく教えてください。

　弱点は耐性の欠如、社会的訓練不足、親の過保護・過干渉などだと思います。不登校生への対応は、原因の分析、現状の情報を収集・整理、支援チームの結成、保護者との関わり、生徒の状況に応じた課題の明示、カウンセラー等からの助言などが考えられます。親による生育歴が関係していることが結構あると思います。その際はそのことを親が認識することから始めなければなりませんから難題です。

▼虐待

> Q 活発な子は怪我をしていることも多いと思いますが、虐待でできた傷と日常の傷を見分ける方法はありますか。

　日常の怪我に対し、虐待による傷は外から見えないところにあるのが通常なので発見しにくいです。傷があれば子どもに聞くとか子どもの様子を観察することによって見分けることができるかもしれません。子どもの様子などを総合的に見る必要があるでしょう。

> Q 児童保護施設に入った児童が再び親のもとへ戻ることはありますか。

ありますが、その後の経過観察が大事です。さまざまな事情で施設に入りますが、親としては家庭の内情を他人には話したがりませんから、親元に戻ったさい家庭での子どもの真の姿を把握できないことがあります。退所直後は特に意識してその子どもとの会話に努めることが必要です。

12 生徒理解

生徒理解にはコーチングの手法も有効です。

「生徒理解」ということですが、まずは指導者として生徒を理解する気があるかどうかです。次にそのために適切な方法はどのようなものか知る（研究する）ことです。

生徒理解の目的は、生徒を正しく捉えて的確な助言をして生徒を伸ばしていくことです。生徒の指導に責任を持ってあたるのは担任ですが、担任が一面的な見方をしている場合もあります。したがって前の担任に聞くとか教科担任や部の顧問に聞くなどして生徒を的確に掴むことが大事です。部活動をしている姿を見ると生徒の別の面を発見することもあります。私が担任をしていた時、勉強はできない生徒がソフトテニス部で生き生きとボールを打っているので見直したことがありました。生徒の状況を早く把握して指導が後手に回らないようにすることも重要です。

生徒の把握はアンケートや面談、また、他の教師や友人に聞いたり観察したりして行います。最近コーチングが注目されていますので、その手法を使うと効果的な面談ができると思います。

ただ、よかれと思って助言したことでも、生徒の心に届かない場合があります。生徒は生徒で生きていますから、どこまで生徒の中に立ち入れるかということがあります。生徒のすべてが分かるわけでもなく、生徒のすべてに関われるわけでもありません。未来を生きていく、これから成長をしていく生徒を中心において、よかれと思うことをしていくべきでありましょう。子どもを育む気持ちを持っておくことは教師の基本です。

▼生徒理解

> Q 生徒に心を開いて欲しいと思いすぎるとよくないのですかね。
> Q 生徒を一番に考えることは当たり前だが、ではどのようにして信頼を得ればよいですか。

　過ぎるのはよくないですね。生徒は生徒の世界で生きていますから、心をすべて開くことはしませんし、すべてを開かないから教師が信頼されていないわけでもありません。

　信頼されるのは指導力と人間性・人間味があってのことです。『人間力』『教師力』を持っていることと言ってもよいです。皆さんが出会った「好感がもてた・尊敬できた先生」は信頼される先生像として参考になるのではないでしょうか。今まで出会った教師を思い出してください。どんな教師が信頼できる教師でしたか。

　これはマニュアルや方法論があるという性質のものではありません。

> Q 「生徒の実態を把握」するために授業やHRなどで観察するとありましたが、どのようなことに注目するのですか。個人を観察すること、集団（全体を見て誰と誰が話合っているかなど）を観察するのは、どちらを優先したらいいですか。

　担任といっても生徒の側に常時いるわけでもないので、生身の生徒をなかなか掌握できません。たとえば、今日は元気か、誰とよく話をしているか、休み時間はどのように過ごしているか、部活動での活動状況はどうかなどが把握できれば生徒理解に役立ちます。掃除の時の言動からでも発見はあります。ただ、休憩時間や掃除の時に生徒の側に行くのは、必ずしも観察するために行くというわけではありません。

> Q 勤務した学校の生徒の名は担任でなくても覚えなければなりませんか。

　授業担当クラスはもちろん、他もできるだけ多く覚えるべきです。生徒

は名前を呼ばれることによって先生への親近感を感じます。「おい、そこの君」と呼ばれるのと「〇〇君」と呼ばれるのでは生徒の気持ちはだいぶ違います。授業でも出席番号で指名したりせず、必ず名前を言う、何気ないことでも名前を呼んで声をかけるなど、普段からの関わりが大切です。また、生徒指導上も顔と名前を覚えたおいたほうがよいことは言うまでもありません。

▼教育相談

Q 先生は生徒に言葉をかける際、何か意識していたことはありませんか（高圧的にならないなど）。

Q 先生が面談した生徒について、印象に残っている面談中の生徒の言葉・行動・態度などはありますか、またどのような相談をしてくるのか、具体的に教えてください。

　生徒への言葉かけに特別なことは意識していませんでした。気軽に声をかけるという程度のことです。面談についても特にということはありませんが、こちらの思う以上に生徒は教師の言葉を聞いていますし、教師に影響されていると思ったことがしばしばあります。生徒面談する時間は楽しく充実しています。生徒は教師と一対一になると、どの生徒も真面目な顔をして教師に対します。教師に呼ばれて面談することは自分が認知されていると実感するからです。こうした面談の繰り返しが教師と生徒との人間関係を深めていくものです。面談の内容は勉強、学校と家庭の生活の様子、目指す進路、部活のこと、その他雑談です。雑談が楽しいです。

　実際のところ生徒が相談に来るのはそう多くありません。面談の際に疑問や悩みを伝えてくることがほとんどで、その悩みはさまざまですが、勉強や進路、友人関係が多いです。学年やその時々によって生徒が聞いてくることは異なります。3年では進路の相談が多く、教師は進路指導部から提供される進路についての情報をしっかり勉強し、疑問点があれば進路指導部の教師に教えてもらっておかなければいけません。

　相談はしっかり聴いてその生徒にとって最もよいと思われることを助言

します。

▼カウンセリング

> Q　カウンセリングの難しさは何ですか。困ったことは何ですか。
> Q　自分に負担がかからない方法で生徒のカウンセリングをする方法はありますか。

　カウンセリングの専門家でないので本来のカウンセリングについての難しさは論じられません。面談で言うと、自分を表に出さない子への指導は難しいです。何がよい方法かは明確には言えませんが、質問紙を使う方法もあります。それを材料にして聞いていくと生徒も自分のことを話すでしょう。相談にあたっては自分の気持ちをすべて生徒のほうに置くということを避けるべきです。また相談を受ける人は適切な回答ができないといけませんから、心身ともに健康な状態を保っていることが大切です。そのためには、相談を受けることによるストレスを他人に話して昇華することも必要です。もちろん、それは相談内容をあちこちにばら撒くことではありません。

　教師は心理学を勉強しておくべきだと思います。

> Q　養護教諭への負担が大きくなっているとおっしゃっていましたが、どうすれば緩和できるとお考えですか。私の高校では、保健室に養護教諭以外に保健部の先生が何人かいて、救護以外の仕事を分担していらっしゃいました。
> Q　僕の行っていた学校ではカウンセリング室は中学校・高校ともに保健室のすぐ近くにありましたが、これは何か理由があるのですか。
> 　教育相談室が学校にない場合、それに代わるスペースはどこですか。

　保健室への来室者が多いかどうかは、学校が落ち着いているかどうかの指標です。問題行動が多い学校ではどうしても保健室に来る生徒が多数になります。それは体がしんどいわけではありません。息抜きや甘えに保健

室に来るのです。保健室・養護教諭が好かれているわけですが、養護教諭は大変です。生徒指導をしっかりやって落ち着いた学校にすることが本来の保健室の機能を回復することになります。それまでは養護教諭以外の教師が助ける体制をとることも大切です。現在、規模の大きい高校は養護教諭が複数配置ですが、生徒指導が大変な学校も複数配置が望ましいです。回り道でも生徒指導体制の充実により不要の保健室来室者を減らすことが不可欠です。

　悩み相談には養護教諭の役割がたいへん大きいです。その意味から教育相談室が保健室に近い所というのは納得できます。相談室がない学校は保健室の側のコーナー等、工夫して場所を確保しています。多くの学校は学級減してきましたから、相談室は確保しやすくなっていると思います。行きやすく、なおかつ大勢の生徒が行き来していない所がよい場所です。生徒指導室と教育相談室を同じ部屋にしてはいけません。

> Q　カウンセラーの方は生徒から相談された内容を先生に報告するのでしょうか。
> Q　たとえば先生に対する疑問・悩みがある場合、カウンセラーに相談したら、そのことが先生に伝わる可能性はあるのですか。なかなかカウンセラーに対して私は信用できませんでした。

　カウンセラーによりますし相談内容にもよりますが、他言は不可と伝えた場合は配慮するはずです。担任としてはできる限りのことを教えて欲しいのですが、一部を伝えない場合もあれば、ほとんど伝えてくれない人もいます。学校としては何も伝えてくれないカウンセラーは困ったものです。

> Q　中学生の時は学期中に1回くらい教育相談がありましたが（生徒全体を対象）、高校での3年間では一切ありませんでした。先生の学校にカウンセラーはどのくらいのペースで来ていましたか。
> Q　すべての学校にカウンセラーを常駐すべきだと思うのですが、それは不可能なのですか。

私のところでは月2回が基本でした。相談回数は、中学校と高校で違いがあるでしょうが、理由の多くは予算の違いです。カウンセラーが常駐していないのはどれだけ必要とされているかもありますが、お金がないから配置できないのが主たる理由でしょう。また、人材の不足もあるでしょうから常駐は難しいと思います。私は、できれば精神科医も校医にできたらと常々思っています。最近は精神的に不安定な生徒や発達障害が懸念される生徒が在学していますから、相談できる専門家がいると心強いです。知的障害の学校では精神科医が校医になっており助かりました。

Q　カウンセリングの制度が取り入れられたのはいつ頃からですか。また、そのきっかけとなった事件などがあったからですか。

1988年に日本臨床心理士資格認定協会が発足し、「臨床心理士」の認定が始まりました。第15期中央教育審議会第1次答申「21世紀を展望した我が国の教育の在り方について」(1996年7月)に「特に、スクールカウンセラーについては、子どもに対する相談はもとより、保護者の相談や、教員への助言、学校の教育相談体制に対する助言などにおいて、これまでおおむね高い評価を得ており、そのさらなる拡充を図っていくべきである」との記述がみられます。この頃からカウンセラーの配置が増えてきたようです。つまりカウンセラーの配置は20年前にはなくて、15年前くらいからできていったのではなかったでしょうか。その背景には不登校生増加もあったでしょうが、「阪神淡路大震災」以後は未曾有の災害に直面した生徒の心のケアをカウンセラーに期待するところが大きくなりました。

(注)

※この項は吉田武男・中井孝章著『カウンセラーは学校を救えるか』昭和堂、2003年、49-52頁を参照しました。なお、この本は興味深い本で「「スクールカウンセラー」ないしは「スクールカウンセリング」の重視に見られる「心理主義化する学校」に関して、何かおかしいのではないかと疑問を抱いている方々にとって、何らかの踏み台としてお役にたつことができるなら、二人の執筆者にとってこれに勝る喜びはない」とプロローグに書かれています。

カウンセリングについては、今なお懐疑的な人がいます。かつては学校現場において生徒指導派とカウンセリング派の対立がありました。すなわち、かつては強面の生徒

指導をする人は「カウンセリング」イコール「甘やかし」と捉えてカウンセリングを重視する教師を嫌悪しましたが、現在の学校ではそれ程顕著な意見対立はありません。

> Q 教育相談と生徒指導との違いがよくわからなかった。こんな感じですか。

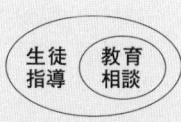

そう、そんな感じです。カウンセリングを重視する人は生徒指導と切り離して教育相談を捉えようとしたり、生徒指導専門の人はカウンセリングを生徒指導から遠ざけたがったりするところが一部にあるようです。教育相談は生徒指導と一体的なものと捉えるべきです。実際に問題行動があった場合は、問題行動への懲戒的な指導をしながら、なぜそのような行動をしたのか、どのように思っているのかを聞いて内面に迫る指導も加え、悩みを言えばそれに答えていきます。

▼コーチング

> Q コーチングとカウンセリングの違い。

神谷和宏『図解 先生のためのコーチングハンドブック』(明治図書、26頁)では次のように説明しています。

コーチングを行う基本は、カウンセラーのスキルでもある積極的傾聴や共感的な理解が必要です。その点では、カウンセリングとコーチングはかなりの部分でオーバーラップしています。

しかし、カウンセリングは一般的に非指示型であり、「このようにしなさい」などと指示したり、提案したりしません。ところがコーチングは違います。コーチングにおいても、指示はしません、本人が気づいていないと思われる部分を、指摘し、質問し、考えてもらいます。そして、答えは与えません。答えは見つけてもらいます。したがって、気づきを促す鋭い質問ができるかが重要なポイントです。このことが完全受容するカウンセ

リングと大きく違うところです。

(注)

　私は専門家でないので深く言えませんので手持ちの本を紹介しておきます。コーチングに関する本は多く出版されていますので探してみてください。
・神谷和宏『図解　先生のためのコーチングハンドブック』明治図書
・榎本英剛『図解　部下を伸ばすコーチング』PHP研究所
・大石良子『子どもの能力を引き出す親と教師のためのやさしいコーチング』草思社

> **Q** コーチングの３つの「きく」の違いがもうひとつよく分からなかったです。

　コーチング理論で言っている傾聴のスキルの３つのレベルは、「耳で聞く」はただ耳を開いているだけ、「口で訊く」は質問をしながら聞く、「心で聴く」は相手のために話を聞くということです。「口で訊く」は質問をしながら聞くのですが、質問をされる人のためでなく質問する人のために話を聞くというレベルで、「心で聴く」が親身になって聞くことです。

　「心で聴くということは、小学校の時、先生が"聴"は"十四の心で聞く"と言っていたことを改めて理解した」とメモしてくれた学生がいました。

　※この項は、榎本英剛『図解　部下を伸ばすコーチング』（PHP研究所）を参照しました。

13　特別支援教育

　　　　　明るく　元気に　生き生きと。

　私は校長として３年間知的障害の特別支援学校に勤めました。
　着任当初最も印象的なことは、訪問教育の子どもたちに出会った時のことです。訪問教育というのは病院に入院していたり、病弱であったりするために登校できない児童生徒を教師が訪問して教育をするものです。春の遠足で西宮の北山植物園に行き初めて子どもたちに出会った時の衝撃は忘

れられません。知らない世界に入っていくので着任した時もたいへん緊張しましたが、この時は子どもたちの障害の重さを目の当たりにして付き添いの保護者にかける言葉も見つかりませんでした。子どもたちに出会う機会が増えるにつれ障害の実態もある程度分かり私の緊張感は薄らいではきましたが、教育にも大変な世界があると改めて認識しました。障害が軽度の子についてもそうですが、重度の子に対する指導の工夫は大変なものです。保護者への学校だよりである『こやの里だより』はその内容にたいへん気を遣いました。障害のある子の親の心情に思いを致した内容として何が適切であるのか、校長として何を書けばよいのか、毎月悩みながら執筆しました。初期は当たり障りのない内容でしたが、日を追うにつれ、校長としての自分を出した内容となっていきました。

　着任以来、養護学校（当時はこの名称でした）の校長として精一杯勤めているとの自覚はありましたが、「真にこの学校の校長になった」と実感したのは運動会を経験した時からでした。

　運動会に感動しました。子どもたちのなかには知的障害がある上、肢体が不自由な子や体力的に弱い児童・生徒もいるのですが、精一杯走る子どもたちの姿に、また集団演技に取り組む子どもたちの姿に、つい涙してしまいました。障害のある子どもたちが、健気に、精一杯演技する姿に感動しました。その取り組みは子どもたちの力であり、また先生方の教育の成果でありました。この日の教職員の終わりの会で"運動会に感動しました"と教職員に率直に言いました。校長のこの言葉を先生方はたいへん喜んでくれ、私を「うちの校長だ」と実感してくれたように思いました。

　特別支援学校では、邪心がない子どもたちが身辺自立、社会的自立を目指して精一杯頑張っている姿を見、また教師がこの子たちにさまざまな工夫をして教育をしている実態にふれることができました。校長としてこの教育に関与したことは、単に３年間校長をしたということに留まらない得がたい経験でした。

　特別支援教育は教育の原点と言われるように、まさに生きる力を獲得するための教育が行われています。私が校長をしていた頃「過度の受験競争」という言葉をよく耳にしましたが、何を甘っちょろいことを言っているのか、この子たちはそこに参加することもできないのだぞと強く思ったもの

です。

　子どもを中心に行われる教育とそれを育む教師の姿、そして学ぶ子どもたちの姿をぜひ見てください。

▼発達障害

> Q　ADHDやアスペルガー症候群の生徒に対して教員はどのような対応をしていますか。
> Q　知的障害者への指導はどうすればよいのでしょうか。
> Q　障害のある子への対応の仕方については、自分で勉強しないといつか研修で教えてもらえるといったことはないのでしょうか。
> Q　発達障害の生徒がいじめられる問題についてどう思われますか。

　「普通校」では豊かなスキルをもった教師が少なく、苦闘しているのが実情ではないでしょうか。特殊教育という名称から特別支援教育になって、障害を幅広く捉えて教育していく方向になっていますが、障害についての知識や指導法をよく知っている教師は少ないのが現状です。在籍するアスペルガーの生徒に困っている高校がありました。

　一口に「障害がある」と言っても、個人によって状況はそれぞれ違いますから指導法はさまざまです。特別支援教育では子どもの障害実態に合わせて個別の指導計画を立てて指導をしていきますが、（注）に示したように高等学校では低い実施率です。このため学校では特別支援教育センターや特別支援学校などに助言を求めて指導をしています。定時制高校に勤務していた時、発達障害の生徒が入学してきたので当時の障害児教育センターの指導主事を講師に研修会をしたことがありました。なお障害は「ある」と言い、「持つ」とは言いません。またアスペルガーなどは知的障害を伴いません。文部科学省の調査では発達障害の児童は6%ほどいるとの結果が出ています。つまりどこの小学校、中学校、高等学校にも発達障害の児童生徒が在籍していると指導者はみるべきです。

　特別支援教育の研修会は初任者研修であるはずです。毎年ではないかもしれませんが、どの学校でもこの分野の研修はやっているでしょう。現場

に入れば先輩に聞くことです。

　いじめについてですが、当然のことながら障害児へのいじめは許せません。たいへん悲しいことです。私は特別支援学校から高等学校に転勤した年、人権週間や障害者の日を前にした 12 月の校長講話で"人は誰しも長所・短所・ハンディがある中で共に生きています。人の短所やハンディを面白がって言ってはいけません。傷つけてはいけません。人には尊厳があります。人の存在そのものを大切にすべきです。自分も他の人も大切です"と生徒に伝えました。

　いじめは許せませんが、逆にボランティアで援助してくれる方々はたいへんありがたいです。私が勤務した特別支援学校では、毎年運動会などの行事の際に高校生や大学生が来てくれていましたが、子どもたちも保護者も教職員もたいへん喜んでいました。

　いじめや差別がないように「障害」についての啓発が進み理解が深まることを願うものです。

(注)

　個別の指導計画：すべての幼児児童生徒に、一人一人の指導の目標や内容を示したものを作成する。平成 21 年度文部科学省調査では、作成済が小学校 85.0％、中学校 73.8％に対し高等学校 13.9％です。
　個別の教育支援計画：学校教育、医療、福祉、労働等の関係機関が連携し、一人一人のニーズに応じた支援を行なうため、すべての幼児児童生徒に作成する。
　平成 21 年度文部科学省調査では、作成済が小学校 58.5％、中学校 53.7％に対し高等学校 11.0％です。

▼特別支援教育

> Q　障害のある子どもの入学を拒否する学校がありますが、指導が大変だという理由からなのですか。
>
> Q　公立学校は障害児の受け入れを拒否できないとありましたが、私と幼稚園が一緒だった自閉症の友だちは公立の小学校に行けず、往復 2 時間もかけて養護学校に行っていました。友達の母親の話では校長先生に遠回しに断られたと言っていましたが、このようなことはあるので

しょうか。

Q 弟が小学生の時、担任の主観のみで発達障害がないのにその子どもの集まるところに入れられ、家庭に連絡がすぐに入ったり、相談があったりしませんでした。このようなことがあっていいのでしょうか。私はいけないと思いますし、腹が立ちます。

　最近は入学を拒否することはほとんどないと思います。公立学校が受け入れを拒否できないというのは特別支援学校を含めてのことで、義務教育ではどこかの学校に就学措置されます。障害があれば市町の就学指導委員会での検討を経て教育委員会が適切な学校を決めますが、現在は保護者の意見も聴くことが法令上義務付けられています。障害がある子には特別支援学校が用意されており、障害の特性にあわせた教育を行います。「普通校」に行かせたい親は障害のない児童との交わりの中で社会性を身に付けさせたいなどの考えがあるのでしょう。普通校が受け入れに消極的になるのは、指導者がいない、介助者がいない、等が理由ではないでしょうか。特別支援学校が近くにない場合もあり通学の問題はありますが、大事なことは子どもにとってどこで教育を受けるのが適切かということです。

　私が勤務した特別支援学校の教師は「普通校」である小学校から特別支援学校の中学部に入ってくる生徒の発達状態を見て「もっと早くうちの学校に来ていたらもっと発達させていたのに」としばしば嘆いていました。それはスタッフが充実しているということと、指導の仕方をよく知っているということから出る言葉でした。

　弟さんの場合どのような経緯でそうなったのか分かりませんが、特別支援学級に入るには通常それなりの認定を経て入ります。当然、保護者によく説明した上で行われるものです。

Q 私は現在、塾でアルバイトをしているのですが、高機能の発達障害ではないかと思う子どもがいます。そのような旨を保護者に伝えるにはどうしたらいいですか（その生徒は勉強はとてもよくできるのですが会話が成り立ちません。小2だからただ落ち着きがないという感じでは明らかにありません）。

まずは保護者が子どもをどう理解しているかです。障害告知は衝撃的なことですので親への配慮が要ります。児童相談所や市の障害福祉課に相談する、精神科医に診てもらう等が本来ですが、アルバイトの身での関わりはできないでしょう。専任の人に伝えることです。

　障害があることは親にとってはたいへん厳しい現実です。身辺自立ができない場合、親亡き後をどうするかが大きな課題です。残念ながら、親が心配しなくても障害者が生きていけるように社会はなっていません。こうした状況は指導者として十分に留意しておく必要があります。

　知的障害を伴わない発達障害の場合は、自他ともに障害であると分かったことで生きやすくなったという例がしばしば聞かれます。あの人は変わり者と言われていたのが実は障害によるものであったことが分かり、悩みから解放されたという報道をいくつも目にしました。発達障害児は6％ほどいると言われていますので身近な事柄です。正しい知識をもって適切な対応が必要です。

14 指導体制

学校の組織運営においては報告・連絡・相談が不可欠です。

　生徒が暴れているのに担任以外知らぬ顔をしている、校内巡回は生徒指導の教師だけがすればよいことになっている、生徒がカンニングをしたことが誰にも報告されていない、このようなケースをどう思いますか。

　生徒指導方針が徹底されておらず、学年ごとに指導がバラバラで学年団同士が対立している学校に勤めましたが、学校内外で問題行動は多く、授業中に空いた椅子に寝転ぼうとする者がいるなど授業規律も乱れていました。こうした状況ですから「このようにしましょう」との共通理解を図るため会議を何度もしました。共通理解はわがままを認めることなく責任を分担することでもあります。しかし、会議後も全体が共同歩調をとるには至りませんでした。できないなら、できないので知恵を貸してください、

助けてくださいと個人でも集団でも言えばよいのですが、そういうこともありませんでした。全体での指導体制が十分にとれないので、入学してくる学年からきちんと指導していこうと１学年団がまとまって厳しい指導をしていきました。この繰り返しにより３年経つと普通の学校秩序になり学校全体としての指導体制がとれるようになりました。

　何があったかの情報を共有して、問題点を明確にし、解決への方策を立て、全体で実行していくことがどの組織でも基本です。これができていない学校ではどれだけ一人で奮闘しても教師がつぶれる結果となります。

▼連携

> Q　ホウレンソウって何ですか。
> Q　ホウレンソウの中での優先順位はありますか。
> Q　先生間の考え方の違いで生徒の情報が交換にくい場合でも、担任は生徒理解として情報の提供を求めるべきなのでしょうか。

　ホウレンソウは報告・連絡・相談の頭をとって縮めているものです。組織における運営の原則です。学校のみならず会社でも常識的なことです。まったく一人で活動している場合はすべて独断で行動できますが、組織で動いている場合は報告したり、連絡したり、相談することが不可欠です。これらは優先順位というよりそれぞれの性格の違いです。自分で処理できるものなら相談は要らず報告や連絡でよいということになります。教師間の考えの違いがあるからといって情報交換をしないのは適切でありません。当然生徒の状況を聞くべきです。

> Q　なぜ最近の先生は抱え込みをする傾向があるのですか。

　昔からそうした教師はいました。特に最近ということではないと思いますが、日常的に抱え込みがあるわけではありません。意識的に生徒をかばって問題行動を報告せず、あるいは自分の指導力のなさが顕在化するのを避けて問題を言わないと、事態がややこしくなり対応が後手になって解

決に困ります。一人で抱えきれなくなって問題が明るみに出て、やむなく他の教師が解決にあたるということは絶対にしたくないことです。早期相談、早期対応、早期解決が鉄則です。

▼共通理解

> Q 先生たちの中でもいろいろな考え方を持っていると思いますが、先生同士で衝突したりすることはありますか。あるならその時はどうしますか。
> Q 先生は実際に教師間の問題で苦労したことはありますか。あれば具体的にどのようなものだったのでしょうか。また、どのような工夫をすることで共通理解を目指しましたか。

　教師は自己主張をする者の集合とも言えます。それは教室において主体的に責任を取る立場であることと、子どもに対して優位な立場であること、そして教員組織がピラミッド型でなく鍋蓋型組織であること等がそのような体質になっている原因であろうと思います。生徒の指導方法、教科指導の展開の仕方、評価など、さまざまなことで揉めます。私自身も数多く経験しました。評価では平常点の割合や欠点をつけるかどうかで揉めたこともあります。学校では共通理解を図りながら教育活動を進めていくことが極めて重要です。共通理解の基本は話し合いですから学校は会議が多いです。学年主任など中堅幹部が指導性を発揮し、意見のごり押しを制止することが必要です。

　近年の教員採用試験で人物重視が強く打ち出されていますが、それは、自己主張ばかりせず共通理解へと達することができる協調的な人物を求めているということもその一面としてあるでしょう。

> Q 教育実習で国語科の先生方が指導方針の食い違いで仲が悪いということを目の当たりにしました。このようなことはよくあるのでしょうか。
> Q 先生は自分の思う生徒指導のありかたと、学校全体の生徒指導のありかたが合わなかったことはありますか。また、その後はどうしましたか。

残念ながら、指導方針の違いによるぶつかりは珍しいことではありません。教材観の違いはもちろん、個人的感情によるものもあります。生徒を中心に据えて対処して欲しいものです。個人と学校との方針の違いもあります。私自身、学校全体に流れている雰囲気と共同歩調がとれないということで、ほんの一時期ですが、自分の守備範囲だけは守るという姿勢をとった時期がありました。それは生徒指導に対して教職員間に投げやり的な雰囲気があったので「馬鹿らしくて真剣にやれるか」という気分でした。転勤した学校で、3年生のなかに教師の指導に従わない生徒が何人もいるのに学年は十分な指導をせず、また学年外の教師はその学年・生徒に関わろうとせず「あそこは別の学校」という雰囲気でした。転勤前は生徒指導を担当していましたから、そのどちらに対しても「馬鹿らしい」と思ったものでした。

　2年間ほど自分の準備室にこもりました。その間熱心に生徒指導に取り組む教師がおり、また若い教師が着任してきて生徒との軋轢を恐れず、果敢に学校の立て直しに努力していました。そうこうするうち"そろそろ前線に出てきたら"とリーダー層として活躍することを促され、それを契機に学校の中枢として学校経営に参画するようになりました。その後、教務部長、学年主任をしました。

▼記録

> Q　具体的にどのような記録を情報収集の際にとるのか。
> Q　記録を残すとあるが、個人情報の点で保管期間など決まっているのか。
> Q　「記録を残す」という事柄がありましたが、その具体的な内容を教えてください（学校に対して不利な内容であれば記録を操作する等、情報を簡単に捏造できてしまうのではないかと考えています）。

　家庭状況や成績は資料があり把握できます。前の担任からの引継ぎもあります。毎日学校で生徒を指導している中で、これはというものは些細なことでも簡略にメモします。指導上必要であろうと思われることをメモするわけで「7月1日、Dと面談。勉強の悩みを聞く」など記録は指導に活

かすためのものです。クラス替えの際は、残した記録の中で次の担任に引き継いだほうがよいと思われるものについては伝えるべきです。

記録は公式の書類として残すのでなくあくまでも指導上のメモですから捏造とか改ざんという性質のものではありません。

万が一、裁判になった時メモが証拠としての機能を果たす場合はあります。

15 特別活動

生きる力をはぐくむには特別活動が絶好の機会です。

教師を志望する時は教科学習を中心に考え、教師になったら授業に力を注ぎますが、授業以外のところにも多くの教育活動があることを実感するはずです。生徒に直接関係するものとしては、生徒会、学校行事、ホームルーム、そして部活動などです。それぞれの活動において教科学習とは違った学びや体験があります。勉強の時には控えめな生徒が球技大会の時には大活躍して級友に見直されることもあります。学校生活を楽しく過ごせ、自分の活躍が認知されると明日を生きる力が湧いてきます。

▼学校行事

> Q 行事などに消極的な生徒に対してどのような対応をとりましたか。「自主活動の育成」のところで学校行事等の参加が挙げられていますが、私のイメージでは「自主的」ではなく「強制的」なものです。参加「しなければならない」ものでも自主的と言えるのですか。

国語や社会と同様、特別活動（学校行事）はしなければならない教育活動です。その意味ではしなければならないのです。次に自主的とのからみですが、自主性や自立性、自治を育成することが学校教育では大切なこと

です。「自主的にする」と「自主性を育てる」は違います。級友と協力して一つのことを創り上げていくことは得がたい経験ではないでしょうか。もちろん、走るのは嫌い、泳ぐのは嫌い、歌うのは嫌いなど、それぞれに好きでないことはあるでしょうが、個人の好みで決めてよいものではありません。厳しく言えば、学校の教育課程にあるものをしたくなかったら、学校には来られません。君のこの話を聞いて、生徒に自主活動を育成するセンスを持たない指導者がいるのではないかと危惧します。

　私は、生徒のリーダーに呼びかけをさせる、行事の意味や全員で取り組むことの意義をHRで話し、消極的な生徒には個別に話をしました。

▼修学旅行

Q　修学旅行よりしんどい行事はありましたか。

　修学旅行よりしんどい行事はないです。勤めた学校の多くが生徒指導の必要なところだったせいもありますが、しんどかったです。問題行動がない生徒で構成される学校なら楽だったでしょう。特に夜が大変です。寝ずの番をしたこともありました。連日4時間程度の睡眠時間です。行く前も準備でたいへん忙しいものです。これだけの労力とお金を割いてそれに見合う教育効果がはたしてあるのか、今なお思います。

　宿泊行事、特に修学旅行の時は「生徒全員を無事連れて帰らなければならない」との使命感はたいへんなものであります。

Q　先生は修学旅行を廃止しようとしたことがありますか。

　あります。後述します「良いクラス」の学年でした。荒れたというほどのことではなかったのですが、我々の学年で問題行動がしばしば起き、学年全体の規律が乱れていたので「このままでは修学旅行は実施できない」と学年教師団が宣言しました。賛否いろいろな意見があったのですが中止することに決めました。旅行積立もストップしました。当然、保護者から「そんなに乱れているのか」など疑問の声があがりました。生徒には「君

たちが規律改善をするなら再考する」と伝え、生徒は自主的に改善運動をしていきました。もちろん、その運動は教師が指導をしました。結局、生徒が努力を重ね、それを評価して「修学旅行」という名称は使いませんでしたが実施しました。ただ、物見遊山的なものは一切なく国立中央青年の家に宿泊して富士山登山でした。それも台風の影響で8合目までしか登れず大変な旅行でした。改善運動をした生徒は活動が評価され、また一般の生徒は旅行に行けることになって喜んでいました。

> **Q** 修学旅行の集団行動で、教師が個人的に行きたい場所を加えることはできないのですか。

　個人の好みで行き先を決めるということはありません。旅行の趣旨を示して生徒や保護者に行き先アンケートをとる学校もあります。教育の一環とはいえ高額なので、ある程度保護者の納得が要ります。教師の好きなところに連れて行くものではありません。教師がディズニーランドに行きたいということで修学旅行はディズニーランドというのではダメです。
　最近は班別行動を取り入れている学校も結構あるようです。物見遊山の修学旅行は減っています。体験型や探求型の旅行、外国への旅行が増えています。安全性、経費、教育効果、その他さまざまなことを検討した上で実施に移さねばなりません。

> **Q** 修学旅行の夜、悪いことをしている生徒を見つけたらどのような指導をすればよいのか。
> **Q** 修学旅行の話の中で、生徒が万引きしないように監視するという部分がありましたが、生徒の立場に立つと先生が自分たちを信頼していないと余計反発を起こす気がしますがどうお考えになりますか。

　事件発見時から謹慎状態にし、部屋は他の生徒と別にします。スキーの場合なら実習には行かせません。当然ただちに保護者に連絡します。
　万引きについては、旅先では生徒の気持が浮ついていますから普段よりは起こりやすいと思うべきです。信頼しているとかどうとかいうレベルで

はありません。何人もの生徒が警察のお世話になるようなことになったら大変です。全体の行程にも影響します。不祥事を未然に防止するのが危機管理です。

> **Q** 修学旅行などで何か大きな問題があったことはありますか。また先生は修学旅行などの行事の時に何か苦労したことはありますか。生徒である自分には分からなかった裏の事情を知りたいです。

　一度に大勢の生徒が行動することは何ごとにせよ大変です。修学旅行での問題を3つ紹介します。

　大阪南港から出るフェリーまで生徒を送るバスが学校に来ませんでした。旅行業者はマイクロバスやタクシーなどを手配して出航には間に合いましたが、信じられないようなできごとでした。もちろんこの業者には2度と依頼しませんでした。

　長野へのスキー修学旅行の最後の夕食時、食事を始めた生徒が鍋料理に虫が入っていると騒ぎ出しました。無農薬だから安心といった冗談が言える状況ではなく、ヤンキー風なウエイターの兄ちゃんたちと生徒とが一触即発の険悪な雰囲気で、そちらにも気を配らなければなりません。学年主任の私も緊張しましたが、添乗員は気の毒なくらいの慌てようでその事後処理にあたりました。食べていない者への食事の手当て、そのための連絡等していました。旅行業者は松本駅まで食料の積み込みをし、社を挙げてそのフォローをしたものと思います。その結果、食べていなかった生徒全員に食べ物の手当てはできました。

　長野への修学旅行は流感多発の年でした。宿泊は志賀高原熊の湯、夜に女子生徒の喘息発作がひどくなり救急車を要請しました。この年は長野オリンピックの年でしたので、通常は湯田中にいる救急車が丸池にも配備されていたため手配が早くできラッキーでした。救急車が到着するまでの時間はたいへん長く感じました。

> **Q** 先生は「特別活動」を重要視していますか。先生の学校では何か特徴的な特別活動はありましたか。

重視しています。教師になったからには生徒と触れあうのがやりがいです。人間づくりに関与するのは教師ならではの営みです。私はさまざまな事情から部活動顧問は転々としましたから、クラスへの思い入れが強かったです。これらは後述します。

最後の学校では、あしなが募金のイベントとして10kmほど歩く「あしながウォーク」を生徒会が主催し、PTAの人たちも多数参加していました。このイベントは長年続けており県教育委員会からゆずりは賞を受賞しました。

▼体験活動

Q ボランティア活動の重要性を教えてください。

人のため、ひいては自分のために活動することは重要なことです。阪神淡路大震災の時に痛感しましたが、さまざまな形で助けられて、どれだけありがたかったことでしょう。その後、重油が流失したら日本海まで行き、新潟で地震が発生したら行くという行動を多くの高校生がしました。人とつながっているという意識が持てることは大きな生きる力になります。

Q 清掃活動の必要性を教えてください。清掃活動と成就感のつながり方が分かりにくかったです。

清掃は自分のクラス・学校を綺麗にするという意味で清潔感や帰属意識が醸成されるでしょうし、分担をはたすという責任感や共にするという連帯感、さらにはやり遂げたという成就感が生れるでしょう。成就感はきれいにしたということや皆と一緒にしたということでやり遂げた気持ちを持つという意味です。私は昔も今も掃除をしたらやり遂げたという気になり気持ちがいいのですが、君はそんなことはありませんか。日本の教育では清掃は重視されています。お寺での清掃は「おつとめ」と言われます。

Q 「トライやる・ウィーク」のような体験的学習は何時頃から全国に広ま

りだしたのでしょうか。

　「トライやる・ウィーク」は平成10年度から兵庫県が実施している中学校2年生を対象とした1週間の体験活動です。思春期にある中学生に、時間的、空間的なゆとりを確保し、学校を離れ地域や自然の中で、生徒の主体性を尊重したさまざまな体験活動を通して、「生きる力」の育成を図るとされています。文部科学省は平成17年度より中学校を中心とした5日間以上の職場体験を行う「キャリア・スタート・ウィーク」を開始しています。こちらは将来の職業や進路にかかわる啓発的な体験の機会を設けるということです。

　学習指導要領でも体験学習は重視されており、実体験が少ない現在の子どもたちに少しでも生の体験をさせようとしています。本来はその多くの部分を家庭や地域が担うべきものであると考えますが、多くの学校が学校主体で体験活動を推進しています。「トライやる・ウィーク」において実習先の確保等に保護者や地域の人が関与している所はほとんどなく、教師はこの仕事に多くの時間を割いています。

Q　先生の教科書によると、体験活動のよい点が強調されている気がしますが、本当によいことばかりなのでしょうか。

　問題行動への指導として体験活動を取り入れている例を示したものですが、まだそれほど一般化していない体験活動の活用を紹介したものです。うまくいかなかった事例もあるでしょうが、試みとして貴重な指導であると言えます。反省文を書くこともよい指導内容なのですが、それだけでなく老人ホームなどで体験活動をすることにより自己有用感や自尊感情を持つ、つまり自分を必要とされ、存在を認められるなどの体験をすることがこれからの生き方につながるものとして有効であると考えます。

Q　高校生のアルバイトは体験活動の一部にはならないのですか。

　兵庫県ではアルバイトを原則禁止してきましたが、平成12年度より「生

きる力を育み、望ましい勤労観、職業観を育成することが求められており、また、ボランティア活動や就業体験等の学修の単位認定も可能になったことから、地域や生徒の実態に応じ、各学校の判断とする」とされています。したがって、現在は学業に支障がない範囲で、経済的に苦しい生徒にはアルバイトを認めている学校が多くなっています。本来は家庭教育の範疇であると考えますが、アルバイトをすることにより生活規律が乱れる場合もあるところから学校が指導をしています。体験活動として認知している県もあります。

> Q 学校活動時間外に生徒を連れて、ホタルを見たり、祝日に社会見学に行くのはよいのですか。

　私は極力「OK」でありたいと思います。ただ事故責任が伴ってくることや行けない子への配慮、夜ならどのように帰宅させるかなど配慮しなければならないことがあります。単純に"いいことだ。どんどんやってください"と言えないところが難しいところです。

　昔は比較的気楽に連れて行っていたのですが、親の参加承諾書をとったり、事故防止対策を準備したり面倒になっています。それは、事故があった場合、裁判になることが珍しくなくなったためです。善意や熱意だけで動けないのは寂しいことです。

16 部活動

できれば部活動はやっておきたいものです。

　部活動は生徒も教師も部活動至上主義と言えるほどの人たちがいます。それだけやりがいを感じるものです。好きなものをしたくて集まる集団はまとまりがあり、同じ目的で活動しますから行動的です。さらに、1年生から3年生までいますから縦の関係を学び組織的な運営がされます。私は

吹奏楽部の顧問を何年かしましたが、顧問の一員としてコンクールの全国大会に引率したことがありました。練習や合宿は厳しいですが県大会で一番になった時、全国大会出場が決まった時の生徒の喜びようはたいへんなものです。時にはうまくいかなかった時の挫折感も味わいます。そして部の運営は多くの人数をまとめるために部長以下組織的に行われます。それはパートごと学年ごとなどの組織がその時々に機能し、1年から3年になるまで教えられる立場、教える立場、まとめる立場といろいろなことを体験します。よい活動成績を得た感動とともに、部の運営に関わった経験は忘れがたいものになります。

▼部活動

> Q 部活動はしたほうがよいのですか。生徒は部活動に入るべきだとお考えですか。
> Q 部活動の重要性はどのくらいですか。
> Q 部活動への強制的全員入部をどう思いますか。

　部活動はしたほうがよいです。上級生、下級生がいる中での活動ですので先輩から学ぶこと、後輩に教えることにより獲得するものがあります。活動の中では成功体験もあれば、失敗体験もあります。どちらも活動をしているから経験できることです。苦労して3年間、大学なら4年間やりぬいたことは大切な財産になります。

　そのような部活動の効用から教師は部活動への加入を推奨します。特段の事情がある者は別にして全員入部をさせたいです。なお、中学校では非行防止の観点からも部活動を奨励しています。

> Q 「部活動」が今回の学習指導要領に初めて加えられたことについてどう思いますか。また、それまではどういう扱いをされていたのでしょうか。
> Q 部活動は何のためにあるのですか。

　部活動が学習指導要領に入ることは当然のことであります。遅いと思っ

ています。
　今回改訂の中学校・高等学校の学習指導要領で部活動の意義や留意点が記されました。それは総則の教育課程の実施等にあたって配慮すべき事項において「生徒の自主的、自発的な参加により行われる部活動については、スポーツや文化及び科学等に親しませ、学習意欲の向上や責任感、連帯感の涵養等に資するものであり、学校教育の一環として、教育課程との関連が図られるよう留意すること。」と示されました。
　従来は学習指導要領や教育法規に何の記載もなく、部活動は本務でないと主張する教師すらいました。これまでも指導要領に基づかなくても、教育委員会や学校が必要と考えて実施する活動は、学校の教育活動であることに変わりはなく、教諭の本務に位置付けられていました。
　最高裁は1983年2月18日の判決において「課外のクラブ活動であっても、それが学校の教育活動の一環として行われるものである以上、その実施について、顧問の教諭を初め学校側に生徒を指導監督し事故の発生を未然に防止すべき一般的な注意義務のあることを否定することはできない」としています。

> Q 先生は中学生または高校生の時、何か部活動をしていましたか。
> Q 先生は部活動に必死に取り組みましたか。
> Q 厳しい態度で後輩指導をしてしまっているのですが、関係はもちろんよくなくて、よくすることはできますか。

　中学校では陸上部、高校では地学部、大学では交響楽団です。中学では大会に出るわけでもなく活動と言えるものではありませんでした。高校では地味な文化部で毎日天気図を書いていました。文化祭では調査研究を体育館の全校生徒の前で発表しました（実態は先生の研究の発表でしたが）。大学では全力投球しました。草創期の交響楽団で私が部長の時にやっと第1回定期演奏会ができることになり、私は徹底的に厳しく運営し、その成功のために力を注ぎました。活動は夕方から夜にかけてしますからアルバイトに行く人もいるのですが、その人たちにも厳しくあたりました。目的達成のためにはそれしかないとの信念でした。組織を運営する術や人の心

を汲み取ることを知りませんでした。愚かだったです。

　部活動では人間関係を円滑に進めていくことが大切です。せっかくの同好の士の集まりですから楽しくやりたいものです。人格を傷つけることでなければ厳しく指導していても理解はされると思います。思っていることを後輩に伝える機会を持つことを勧めます。

> Q　部活動の顧問について希望をとったりするのですか。
> Q　先生はテニス以外にどんな部活動の顧問をされたことがありますか。
> Q　部活動に関心がある先生が減っていると聞きますが、本当ですか。
> Q　部活動の顧問をして、よかったということはありましたか。

　部活動の顧問は管理職を除いた全員がします。顧問は希望をとった上で担当の教師が調整して決める学校が多いと思います。専門がある人はその部の顧問になるのが通常ですが、同じ分野に何人もいる場合は誰かが専門外の顧問にならざるを得ませんし、運動部と文化部を一つずつ持つ学校もあります。専門がない人は余った部の顧問となりますが、専門ではない部顧問になった人でその後勉強をして全国大会にまで出場する部へと育てた方もいます。私は地学部と吹奏楽部が一番長く、他は、野球部、水泳部、ソフトテニス部、剣道部、バレーボール部、合唱部です。私は運動には自信があり大抵のことはできますが、顧問となったら話は別です。ソフトテニスの時は常に地区大会では決勝戦まで進む強い部でしたが、技術の裏づけがないのに強い部を持つのは辛かったです。希望がなくても誰かが顧問をしないといけませんから、なり手がない部の顧問になったことが多かったのですが、競技のルールを熟知していないのに顧問をやるのは難しさを感じました。

　学校は忙しく、また専門外の部を持つことは精神的負担になりますので、部活動に意欲的でない教師はいます。しかし部活動の意義は認識しており、部活動に関心がない教師はないように思います。

　部活動は同好の者の結集であるので生徒の自発性があり、また異年齢集団であるので生徒間でリーダー性の発揮があり指導しやすいです。部活動ではどの生徒もよく指示に従いやりやすかったです。顧問としても成就感

を得やすく、授業やクラスにないものがあります。自分がやりたい部で長年顧問をすると、教師としてこの上ないやりがいを感じるはずです。

> Q 部活動を指導するにあたって、注意することはありますか（今、僕が中学校の部活・バスケを見に行っているので）。

　部活動では強い子、うまい子ばかりを注目しないこと、体力差・能力差があること、中学生と高校生では生徒の発達段階が違うということなどに留意することです。また技術の向上や戦績だけでなく、部内の人間関係にも注意しなければいけません。君の立場なら顧問の先生の指導や指示を得ることも大事なことです。顧問をないがしろにして前に出てはいけません。

> Q 部活動の仕事が自分にできるか心配です。自分に経験のない部活動の顧問になった時一番にすべきことは何ですか。

　無理をしないことです。専門分野でなければ率直に専門でないと生徒に伝え、その上で、できるだけ活動の援助はすると言うことです。そして、その部の勉強をしながら専門的な指導はできなくても活動一般についての助言をしていきます。毎日べったりと部活動に出られる時間の余裕はなかなかありません。一日のうち一度は短時間でも部に顔を出すよう心がけることです。

▼部活動手当

> Q 部活動の顧問をするとなるとその分の給料はもらえるのですか。また、部活動で大きな大会へ出場できたとしたら手当は出るのですか。

　顧問になっても給料は増えません。また「出場達成手当」もありません。出張旅費は出ます。
　なお平日以外の部活動の指導に対して手当は出ます。ただ少額です。日曜日を終日割いてそれだけかという額です。下に示しますがそれでも教師

は生徒のために指導をするのです。世間の人はそのようなことは知りません。教師はそういうところはたいへん控えめで主張をしませんので学校外の人は知らないのです。部活動指導者の心身の負担に応えるものとなっていません。

部活動の指導は特殊勤務手当として支給されます。最近改正された兵庫県の額です。

対外運動競技等引率（休日等）は、旧は日額1,700円、現が3,400円。

部活動土日4時間で、旧は1,200円、現が2,400円。

なお、この額は都道府県の条例・規則で決められますので、次に示すように都道府県によって若干違います。

文部科学省は平成20年から国庫負担の際の部活動指導手当を、終日3,400円、4時間以上勤務2,400円で算定していますが、東京都教育委員会は、部活動手当額を2010年4月1日から大幅に引き上げることにしたとのことです。運動競技などの引率で終日業務になる場合は、現行の日額1,700円から4,200円に、通常の指導で週休日などに4時間以上業務を行う場合は、現行の日額1,600円から3,200円に引き上げるというものです。都教委によると、今回の改正で国の算定基準準を上回り、すべての都道府県で最も高い手当額になるとのことです。

17 担任

生徒が生き生きと活動するクラスは教師冥利につきます。

学校で責任を持って生徒を見守っていくのが担任です。すべての教師は生徒との関わりを持ちますが、とりわけ担任は密に持ちます。家庭環境はもちろん性格も違い、学力も違う生徒一人一人の将来のために的確な指導を加えていくには教師のプロとしての力量が必要です。必要なのは知識や教養、指導法、さらには人間性、生徒への愛情です。責任は大きいですが楽しいことも数多くあります。

学級は学習集団であり生活集団です。単に学習する場だけでなく生活を共にしていく場でもあります。規律を保ち、楽しい、居心地のよい学級を教師と生徒の相互で創り上げていかねばなりません。そこには教師の指導力が大きく作用します。落ち着いていない学級では学習成果が出にくく、規律ある学級では生徒も教師も気持ちよく授業できます。まずはそのようなクラスをつくることが大事です。ただし、それが成績に直結すると言い切れないところが辛いところです。単なる「おりこうさん」だけでは確かな学力獲得に至りません。学習への貪欲さ、知的好奇心、向学心が必要で、これらも担任が指導します。

　私が最後に担任した学級は小説のような世界で実にやりがいがありました、その一端はこの章で述べます。

▼担任

> Q　先生が話されていたよいクラスは、どのような指導を行ったのがよかったと思われますか。

　学年の指導体制がよかった。クラスリーダーがよかった。何人ものリーダー格の子がいた。2年、3年とクラス替えなしの持ち上がりだった。学級通信で土壌づくりをした。担任のエネルギーが充実していた等がその要因であったと思います。

　よいクラスができても、それは担任一人の力量によるものではありません。学年教師集団や生徒に恵まれたということが大きく関係していました。

> Q　担任は年度当初に学級目標を定めて学級経営にあたるということですが、学級目標というのは先生の夢みたいなものですか。
> Q　学級づくりにおいて先生が念頭においていたものは何ですか。
> Q　生徒との信頼関係を築くにあたって、先生の"とっておきの作戦"があれば教えてください。

　学級目標は夢もありますが、こうなって欲しいという「願い」と言った

ほうが的確です。もちろん、学校・学年の経営方針に即したものであるのは当然です。学級づくりでは、自立したクラス、楽しいクラス、けじめのあるクラスを重視しました。生徒との関係で「とっておきの作戦」は特にありません。生徒によかれと思うことを精一杯してきたということくらいでしょうか。

> Q 先生は実際にHRではどんなことをしましたか。または、しなかったけど、したらよかったと思うことはありますか。
> Q 先生はSHRでどのような話をされたのですか。

当然のことですが掃除は毎日一緒にやりました。学級通信を出しました。自分を出すことに躊躇をしませんでした。人を育てる仕事としての教師は生徒に対してどうしてもその人の人間（性）が出ます。それが教師の妙味でもありますが厳しいところでもあります。自分をあまり出したがらない教師がいますが、私は自分を出すことを躊躇すべきではないと考えます。授業よりクラスでのほうが自分の思うことをよく伝えられます。中学校、高等学校では校務分掌の関係から担任がない教師もたくさんいますが、教師である以上担任をできるだけ多く経験したいものです。生徒は教師に期待感をもって接しています。学級経営をどのようにしたらよいか先輩教師に助言を求め、他の教師と協調しながら力量を蓄積していかねばなりません。LHRでは、生徒会から下りてきたことの協議、進路や科目選択の説明が結構入ってきましたのでクラス独自の活動機会は多くありませんでしたが、たまにゲームをしたこともありました。これは担当の生徒たちが準備をして和やかな雰囲気で楽しくできました。参考となる格別のことはありません。

　SHRでは伝達事項がやはり多かったです。他に、見たこと、聞いたこと、新聞から、スポーツ、文化、芸術、政治と分野はこだわらずにいろいろな話をしました。新聞のコラムを読んでいる時、感極まって声が出なくなったことがありました。こういう教師の感動はストレートに生徒に伝わります。"君は、昨日、下校後何をした？"と聞くだけでも、その生徒さらには他の生徒への刺激になります。3分間スピーチはやりたかったで

す。その生徒の存在感を皆で感じる、学級融和につながる、言語力訓練となる、等がその理由です。

とにかく担任は40人の生徒に直接語りかける場を毎日持つわけです。教科指導はもちろん大切ですが、教師としての魅力はここにあると思います。そのためには、教師になる前から、また、なってからも多くのものを自分に貯め込んで、どの引き出しからもストックが出せるくらいに自分を豊かにしておくことです。

> Q ホームルーム活動を成功させるためのアドバイスをいただきたいです。
> Q クラス担任になって、クラスづくりで苦労することは特に何でしょうか。

クラス・生徒をどのようにしたいかをまず持っておくことです。充実した活動のために、委員長・副委員長がリーダーシップを発揮しやすいように指導・援助します。また、個人面談を重ねるなどをして個を掴む努力をし、学級通信を発行するなどをして帰属意識を高める努力をします。

留意すべき点として、特に女子生徒がクラス内で3～4グループにグループ化することがよくありますので、グループ同士が険悪にならず融和するよう気をつけておくことも肝要です。

> Q クラス内でリーダーシップをとる生徒を見つけるのに、先生は大体どれくらいの時間が必要だと思われますか。また、そのリーダーシップをとれる生徒にどれだけのことをまかせるのがよいですか。

どれだけの「しかけ」を用意しているかにもよります。格別のしかけがないなら1学期かかるかもしれませんが、多くのしかけをしていくなら1ヵ月で可能でしょう。実際は中学校や前学年からの情報により、ある程度の把握はします。リーダーに任せることについては、リーダーを孤立させないためにもコンタクトをよくとることが大事です。適切なアドバイスをしながら指導性を発揮させてやることです。

> Q 学級の雰囲気を明らかにわざと乱している生徒がいれば、つかまえて

> 注意すべきですか。また、授業中にうるさい生徒がいたらどのような
> 注意がベストでしょうか。

　乱す者は注意すべきです。なぜするのかを聴き、説諭する必要があります。意識的に全体の中で指導する場面があってもよいですが、必ず別室に呼んで話をすることです。

　うるさい生徒には、なぜするのかをたしなめながら聞き、優しく注意する、叱る、怒鳴るなどを混ぜ合わせながら、教師に失礼であることを自覚させ、他の生徒に迷惑であることを分からせる必要があります。これも後で呼び出して話をすることです。その時々の状況により何らかのペナルティを課すこともあります。

> **Q** 楽しいクラスとは、授業に多少のユーモアが必要ということも含まれますか。
> **Q** 苦手な生徒が学級にいた時はどうしていましたか。

　ユーモアは否定しません。あっていいでしょう。ただし駄洒落や冗談の連発で授業が進まないというのはよくありません。ユーモアなしで「知的好奇心を満たす」というやり方もあっていいでしょう。

　特に苦手という生徒はいませんでした。苦手な生徒でも担任と生徒ですから無視はできません。見守る、話をするなどをしないといけません。教師が苦手と思っていても生徒の方は大抵「私の先生」と思っていますから大事にしてやらないといけません。

> **Q** 先生は担任をしたことはありますか。また、したことがある場合、どのような工夫をされていましたか。

　進路至上主義はとらなかった（とにかくいわゆるよい大学に進学させること、それを主眼にして学級経営をするということをしなかった）。学級通信は出した（新任の頃はつくれなかった）。それに学園小説を入れた（もちろん自作）。できるだけ個人面談をした。掃除のサボりは許さなかっ

た。リーダーを見つけ、力が発揮できるようにした。

> Q 先生が思える教師としてこれ以上ない幸せな生活とは何ですか。
> Q 折鶴の話以外で印象に残っている出来事はありましたか。
> Q 学級通信について詳しく聞きたかったです。

　それは「これ以上のクラスは持てないと思った」ということでしょうが、クラスの雰囲気、生徒が取り組んだことなどからそう思ったものです。たとえば3年の時の遠足です。クラスごとでした。京都は八坂神社から上がって将軍塚に行きました。事前に生徒が下見に行き、電車の団体割引も生徒がしました。レクレーション係がフォークダンスやゲームなどを企画・実行し、実に楽しく、同行してくれた先生も含めて皆が楽しみました。また、就職決定者が進学者の合格祈願に教室の天井に折鶴をぶら下げました。

　まさに小説の世界かというようなことがありました。その一つは、進級が危うい低学力の生徒のために生徒のリーダーが定期考査前に勉強会をしていましたが、その危うかった生徒が卒業にまでたどりついたので、彼こそ卒業証書をもらうにふさわしい人間だと、証書をもらう学級代表にクラス生徒全員で決めました（このときは学年代表一人でなく、学級代表が校長から証書をもらう方式だった）。もう一つ、文化祭の劇の練習で、夕方、家庭科室を借りて炊き出しをしました。よかったと思うことや感動した出来事は語り尽くせません。体育祭で女子1,000m、男子1,500m競走を全員で走ったのもこのクラスです。

　これらが特に印象的なことで「これ以上のクラスはない」と思った出来事のいくつかです。

　SHRが担任であるから使える時間と言ったのと同様、学級通信も担任であるからできるものです。担任の思いを伝える手段として、学級を円滑に進めるため、生徒に刺激を与えるために作ってきました。小説を入れたのは生徒へのアジテーションとして、読み物として、また、人がしない形のものにしたかったからです。この小説スタイルはその後の「校長室だより」などでも続けました。

Q　先生が小説を書かれたのは子どもに伝えたいことを伝えるためですか。それともただ書きたかったからですか。

　生徒に伝えたいので小説スタイルにしました。小説といっても内容は生徒に伝えたいことなど指導的なものです。教師の話や文はどうしても職業柄「お説教」になり硬くなるのです。小説スタイルはそれが避けられます。普通にその内容をメモすると、1. ………、2. ………というふうにレジメのようになりますので読み手に入っていきにくいと思うのです。小説スタイルにすると伝えたい内容が読み手に入りやすいと考えました。

Q　先生の小説は、私たちは読めないのでしょうか。

　ありがとう。学級通信『青い海』、校長だより『あかね空』、県教委生徒指導担当者として『春花秋灯』をつくりました。連絡や思うところを書くだけでは面白くない「押しつけがましくない形で啓発をしよう」と小説を取り入れました。国語の教師でないから気軽にできたというところがあるでしょう。すべて瀬戸裕のペンネームです。読みたいと言ってくれるのはありがたいのですが、まとめていませんので渡すことはできないのです。

Q　先生が担任だった時、特別活動はどんなことをしていましたか。

　生徒会や学年で決められたことをすることが多く、学級としての独自活動はあまりありませんでした。体育祭で女子1,000m、男子1,500m競走には人数制限がなかったのでクラスの生徒全員が出場して点を稼ぎ優勝しました。ずるいと言われましたが違反ではない行動でした。"誰が好き好んでしんどい距離を走るか、褒められこそすれ文句を言われるものではない"と私は反論しました。ただ、次の年からは人数制限されました。なおこの体育祭の時、生徒は日曜日にまで出てきて、当時流行っていた『君の瞳は1万ボルト』という文言を大きな垂れ幕にして屋上から校舎に垂らしました。文化祭では2年続けて劇をしました。

> Q 行事の時うまくいかなくて、委員長がわめいたり女子が泣いたりするのは、事前に防ぐ方法はないのでしょうか、防ぐ必要はないのでしょうか。委員長や女子が嫌な思いをするわけですので。
>
> Q 企画を実行するときにリーダーを任命するのはわかりますが、その選び方はどうしたらいいのですか。自治活動でリーダーの育成を目標としてあげていますが、一人しかできないと思うのですが。

　円滑にいくのがよいに決まっていますが、クラスの活動は万全にしたつもりでも何がしかの揉め事は起こるでしょう。それを解決していくのも自治活動の学習です。リーダーの人望、それまでのクラスづくり、企画段階からの周到な準備・相談（班長会議や実行委員会などで）といったことがあれば揉め事は少なくなるでしょう。掃除をサボる者が注意もされずサボり得、というような学級ではうまくいかないです。

　リーダーの決定はクラス全体の会議の中でいきなり"誰にしましょう"という方法はよくありません。実行委員会を作るとかクラス委員の会議や班長会議などで事前に相談した上で決めるのがよいです。その前に担任がクラスの正副委員長と相談しておくのが尚更よいでしょう。一人のリーダーを決めるのでなく、サブリーダーや○○係を置き集団での運営体制をとって係が指導性を発揮し、一人のリーダーが孤立しないことです。

> Q 先生は高校生だった時に、SHR時に担任の先生がキレたことはありましたか（僕は1回だけありました。教卓を何度も日誌で叩いてどなりちらしていました）。

　記憶にないです。私自身が教師の立場では何度かありました。今でもよく覚えているのは大掃除の後のSHRで喚いたことです。掃除を真面目にしなかった者が多かったので声を荒げて叱りました。生徒は固まっていました。

> Q ドラマ「金八先生」は教育の見本のようなものだと思いますか。

ほとんど見ていないのでコメントしにくいですが、現実的ではなくあくまでドラマです。テレビ局は視聴率を稼がねばなりません。受けてナンボです。ですから教育問題に取り組むという姿勢にはなりにくいと思います。その中の一部には教訓となることはあるでしょうが、基本的には作り物です。

> Q　学級を運営する中で、他の先生と揉めた時、先生はどのように対応されましたか。

　話して意見交換をするしかありません。自分が折れるときもあれば、他の人が折れるときもありました。しかしよくないことなのですが、自分の感情がどうもしっくりいかなくてしばらくの間気まずいままで日が過ぎることもあります。心に銘ずべきは子どもの前で感情のまま仕事をしないことです。組織で動いていますから誰か仲介役となる人がいればそれに越したことはありません。バラバラのままで走っていかないようにすることが大事です。

18　教科指導

魅力ある授業をする教師は魅力ある教師です。

　学校でのほとんどの時間は授業です。どの教科書を使うか、どの教材を使うか、どのように展開するか、毎日教材研究を重ねます。分かる授業をすることが学ぶ意欲を湧かせるので、生徒の反応を見ながら指導のありかたを考えます。また、その単元を構造的に見た上で授業内容を膨らませて面白味がある授業になるよう研究します。私が高校の時教えてもらった数学の女性教師は毎回のテストを点数がよい者から返しました。今はこんなことをする教師はいませんが、私の返却はいつも後の方でしたのですっかりやる気をなくしました。このようなことは絶対にしてはいけません。

よい授業をするには人の授業を見るのが効果的です。これは自分と同じ教科に限らずどの教科でもよいです。研究授業の時だけでなくいつでも見せてもらい、また見てもらうことをすることです。新しい発見や参考となることが必ずありますし、見てもらうと助言が得られます。助言を得ることは一人よがりを防止できますし、悩みを聞いてもらえる機会にもなります。

▼教科指導

> Q　教材の選び方、使い方、教師にとって教科書とは。

　教科指導については、教科内容についての見識の深さと生徒実態を把握する力が必要です。いくら教師がいい教材と思っていても生徒が理解できないものでは適切ではありません。生徒の実態にあった教材観を持つこと、それを活用して展開できる指導力を持つことが大切です。
　古典といわれるものも重要ですが、普及書も参考資料として使える場合があります。新聞記事を教材として利用している教師も多いです。

> Q　教科担任制だと、同じ内容を別々のクラスとはいえ何度も教えることになりますね。
> Q　教科によって違いがあるとは思いますが、一つの授業に対して先生方はどのくらいの時間をかけているのですか。

　2単位ものを8クラス持ったことがあります。8回同じことを教えます。3回目頃からは新鮮味がありません。また同じ冗談を何度も言えません。学年主任や生徒指導担当のような立場なら全クラスを見ることができるという利点はあります。
　一つの授業への教材研究は3時間くらいでしょうか。英語や国語の教材研究は大変です。理科は実験・実習をやると準備に時間がかかります。

> Q　「どうして数学（他の教科でも）を勉強しなくてはいけないのか」と生

徒に聞かれた場合、どう答えるべきですか。

　一応回答しますが、自分で考えてください。たいへん素朴な質問で、かつ本質的です。学校教育は何であるかを問う内容であります。「学習指導要領に定められているから」ではない答を生徒は望むでしょう。さまざまな答が予想されますが、とりあえずは、教育基本法、学校教育法、学習指導要領が参考になるでしょう。中教審の学習指導要領答申は参考になります。ゼミで取り上げるのによい題材ですね。

　別の角度から余談を記しますが、学校でどの教科も同じ議題で教科会議を一斉に行ったら、どの教科が最初に終わると思いますか。ここにも教科の特性が表れていると思うのです。答は数学です。ちなみに常に長い時間がかかるのは社会（地歴・公民）です。

▼教科指導へのさまざまな工夫

> Q　指導へのさまざまな工夫をもう少し具体的に教えてください。
> Q　先生は、授業をよいものにするためにどのような工夫をしていましたか。
> Q　内職やいねむりをしている生徒に対して、怒る以外に解決法はないのでしょうか。

　板書や発問の仕方を工夫することは基本的なことであり応用です。人の授業を見るのが効果的です。教師が流れるような授業をして素晴らしかったと思っても、生徒がその授業にどれだけ集中し、どれだけ浸透したか、どれだけ学習効果があったかのほうが重要なことです。現在の学校は、少人数授業、習熟度授業、TT（ティームティーチング）、プリントなどの補助教材、OA機器、ディベート、プレゼン等々、いろいろなものを取り入れて工夫しています。

　私はプリント作成や公開授業などは積極的にしました。また理科では何か「物」を持って授業に行けと言われました。これは心がけました。たとえば木の葉1枚でもいいし、乾電池1個、岩石1個でも、ということです。

　内職、いねむりへの指導は、時々机間巡視をして刺激を与えているとか

なり防止できます。居眠りには生徒の傍に行って注意する、全体に大きな声で注意を喚起する、発問をしていく、冗談を言って教室に笑いを起こす、などを行います。寝ない、内職をしないような魅力ある授業を展開することがまずは大事なことです。

Q 兵庫県立神崎高等学校が30分授業を導入したことを聞きましたが、中学校では30分授業とかをあまり聞いたことがありません。やっぱり、義務教育ではそうしたことは難しいのですか。
Q 30分授業はその場しのぎかなと思いました。

　神崎高等学校での30分授業は、当然、その場しのぎで行ったもので、その場をしのがざるを得ないから始めたことです。導入時は生徒が50分の長さに耐えられず授業に集中できないためにやむなく30分としたものです。すでに学校は正常化し50分授業に戻しています。
　授業時数の1単位時間は、学校教育法施行規則において、小学校は45分、中・高等学校は50分と定められていますが、学習指導要領で授業時間の弾力化が示されており、年間授業時数を確保すればいいことになっていますからいろいろな授業形態がとられています。高校に限らず小学校や中学校でも、25分・60分・70分授業など教科内容や生徒の実態を考慮して創意工夫をした時間割を編成している学校があります。
　学習指導要領では「各教科等のそれぞれの授業の1単位時間は、各学校において、各教科等の年間授業時数を確保しつつ、児童生徒の発達段階及び各教科等や学習活動の特質を考慮して適切に定めるものとする」とされています。

Q 「授業が学校における成就感を大きく支配する」の成就感の意味がよく掴めませんでした。

　授業内容が分かるかどうかは生徒の満足度に大いに関係します。学校ではほとんどの時間が教科学習です。したがって学習内容が分からなかったら学校はちっとも楽しいところでも充実したところでもありません。私が

「子どもたちは、今を生き、明日を生きる」と言うのはこのことです。学習は明日のためにするのですが、学ぶ時間の今も子どもたちは生きています。今が充実しているかどうかは子どもならずとも重要なことです。仮に学習内容が十分に分からなくても、授業に参加していて楽しかったということがあれば、また明日学校に来る意思が持続します。

Q 先生は自分の授業、担当で受けもったクラスがうまくいかなかった時、どのように助けを求めましたか。

　助けを求めた記憶はありません。基本的には自分でしのぎましたがボヤキはよく言いました。困ったことを抱え込んでしまってはいけませんが、給料を貰っているのですから「自分の授業は自分で責任を持つ」です。授業の様子について「これは」ということは担任に伝えていました。

　なお有志で授業研究会というものを作って、月に1度程度、公開授業と研究会を持っていた時期があります。多い時は30名ほどの教師が参加していました。人の授業を見るのはたいへん参考になるものです。またこうした時の情報交換は役に立つものでした。

Q 話術を磨くのにはどうすればいいですか？

　まずは、たくさんの引き出しを持っていてどこからでも出せる内容を備えておくことです。経験したものはインパクトある内容になりますから経験を積むことも貴重です。それからメリハリをつけて、大きな声と小さな声を使い分けて話せるように訓練すること、人が話すのを観察し、まねる、盗むことです。後は慣れです。

Q チョークを使うと指がとても疲れるのですが、楽に字を書くために何かコツがあるのですか。

　「シンジラレなーい」というところでしょうか。疲れるとは聞いたことがありません。教師は知的労働だと理解している人が多数だと思います。

確かに教育は知的な営みなのですが、最近の学校現場の状況を揶揄する意味もあって私は「教師は肉体労働者だ」と先生方を叱咤激励してきました。体力が要るのです。体力がないと務まりません。考えてもみてください。立って大きな声を出して授業をし、階段を上がったり下がったり、掃除は率先垂範、行事のときは大車輪、宿泊行事の際は寝ずの番も、気力とともに体力が要ります。

　君は今日から体力増強です。

Q　大教室でよく通る声で話した後、のどが痛くならないですか。

　学校の教師は声が大きいのが特徴です。でないと務まらないからです。小さい声の教師もたまにいますが、はっきりとした大きい声を出すことは教師の基本的資質です。のどが痛くなったりはしません。

　私の場合、早口である、語尾が聞き取りにくいときがあると自覚しています。自覚していても話が佳境に入るとそれを忘れて話してしまいます。滑舌(かつぜつ)が悪いとの指摘も学生からありました。教師はしゃべるのが商売ですからしっかり訓練しておくことです。

▼教育一般

Q　先生は、塾の講師が公立学校で英語や数学の補習を行うことについてどう考えていますか。

　東京都で民間人初の校長となった元和田中学校長の藤原和博氏は課外授業「夜スペ」や「土曜寺子屋」という補習を塾と連携して行い賛否両論がありました。生徒の学力をつけたいが先生の勤務時間がネックになることが多く、これをクリアしたやり方であるという点では是とします。この一点だけを取り出して論じるのでなく、行っている学校教育全体を見た上で論じるべきであると考えます。

Q　朝の読書時間のおかげで高校時代は一番読書量が多かったです。有効

だと思います。

「朝の読書」は学校全体で取り組みますから個人の意志だけではできませんが、全校に広めるにはやりたい先生の熱意が必要です。読書に親しむことと、落ち着いた気持ちになって学校生活、学習活動に入れるという効用があります。

Q 先生は小学校の英語教育についてどう考えますか。

端的に言うと賛成しません。英語を使えるようにするためならもっと徹底してやらないといけません。言葉をマスターするためには毎日の反復が必要です。今回の学習指導要領ではそれだけの時間は確保していません。日本の英語教育は中・高と6年間やっても話せるようにならない教育です。事細かに文法をやらないといけないものなのか疑問に思います。逆にそのことが気軽に英語を話すことを阻害しているように思います。文法は正しくなくても通じる会話ができればよいのではないかと思うのですが、

Q 小中一貫に賛成ですか、反対ですか。理由もお願いします。

反対ではありません。小学校が6歳も違う集団で構成されるのがよいのか、また中1ギャップがあることからも考慮に値すると思います。ただ、9年間を一つのスパンにするのは長過ぎますので、どこかに線引きがいると考えます。

Q 昔の人たちは現在の子どもと比べて、そんなにも能力が高かったのだろうか。論理性や創造性とかは、仕事をしながら身に付けていくものだと思っていました。
Q どうして昔のほうが一般常識を知っていたのでしょうか。

そんなにも能力が高かったわけではありません。が、論理性や創造性も学校で少しでも高められたらいいと思いませんか。今の皆さんは食べるの

に苦労はなく満たされた中で生活しています。飢えを知りません。そのような生活をしているので知的好奇心が希薄になったのでしょうか。私の時代の学生は政治や社会問題への関心が強く、学生運動も盛んでした。国立大学入試は当然5教科の問題でアラカルトなどありませんでした。

　最近、川端康成の代表的作品はとか、四姉妹が出てくる有名な小説はと聞かれても答えられない若い先生がいると嘆く教師がいます。四姉妹は「細雪」です。これは常識の範疇です。採用試験にも一般常識が出題されますが、そのためにも「常識」をわきまえておくことを勧めます。これらは社会人としての常識ですが、とりわけ教師をするなら豊かな常識が必要です。常識豊かな教師は生徒からの信望が厚くなります。

> Q　学校教育の質は、昔と比べて落ちてきていると思われますか。
> Q　私たちの世代はゆとり教育で育ち、基礎学力の低下が叫ばれてきました。しかし、現在も昔も学力はそれほど大きく変わらないのではないかと思います。変わったのは、メディアではないでしょうか。昔は、今のように学力テストの結果が悪くてもそれを取り上げるツールがなかったのではないかと思います。

　学校教育の質は落ちてきていると思わないのですが、小・中・高はもちろん大学までも指導が丁寧になっているぶん、学生・生徒の自発性を封じているところがあるかもしれません。今や大学は就職をするために来ているという節があり、研究は院にいってからという風潮がありはしないかと思います。私の経験では"酒も飲めないで研究ができるか"と教官たちに言われるほどで、酒を飲んでも「研究」、何をしても「研究」と、大学は「研究」の場でした。

　進学率が高まって高校生や大学生が増加しているので、平均値で言うと学力は低下しているでしょう。メディアが作り出しているものとは思いません。

> Q　現状の問題として、子どもたちの学習意欲の低下やコミュニケーション能力の低さがあげられていましたが、先生はこれらに対してどんな教

育活動が必要と考えますか。

さまざまな観点から教育活動・触発を行って子どもたちを訓練していくべきです。コミュニケーション能力育成なら、読む、書く、聞く、話す、のすべてにメニューをつくり、計画的、継続的、組織的に展開しなければいけません。教科はもちろん学級活動においても同じことが言えます。

Q　現在の日本の初等中等教育の課題は何だと思いますか。

どの部分を論じるかによります。子どもには、知的好奇心、生きる力、忍耐力を重視すること。指導者には、ゆとりを持たせ、知識教育のみからの発想の転換を図ることです。参考までに次の資料を示しておきます。

▶参考資料

平成20年の中央教育審議会答申「幼稚園、中学校、高等学校及び特別支援学校の学習指導要領の改善について」では、

「知識基盤社会」の時代などと言われる社会の構造的な変化の中で、「生きる力」をはぐくむという理念はますます重要になっていると考えられる。と述べ、「知識基盤社会」と「生きる力」の項において、平成17年の中央教育審議会答申「我が国の高等教育の将来像」が指摘した次の文章を引用しています。
21世紀は、新しい知識・情報・技術が政治・経済・文化をはじめ社会のあらゆる領域での活動の基盤として飛躍的に重要性を増す、いわゆる「知識基盤社会」（knowledge-based society）の時代であると言われている。
「知識基盤社会」の特質としては、例えば、
①知識には国境がなく、グローバル化が一層進む、②知識は日進月歩であり、競争と技術革新が絶え間なく生まれる、③知識の進展は旧来のパラダイムの転換を伴うことが多く、幅広い知識と柔軟な思考力に基づく判断が一層重要となる、④性別や年齢を問わず参画することが促進される、等を挙げることができる。

なお、この中央教育審議会答申「我が国の高等教育の将来像」の用語解説では「知識基盤社会」を次のとおり説明している。

> 英語の knowledge-based society に相当する語。論者によって定義付けは異なるが、一般的に、知識が社会・経済の発展を駆動する基本的な要素となる社会を指す。類義語として、知識社会、知識重視社会、知識主導型社会等がある。

さらに次の記述もある。

> 経済協力開発機構（OECD）は、「知識基盤社会」の次代を担う子どもたちに必要な能力を、「主要能力」として意義付けた。主要能力(キーコンピテンシー)は、OECD が 2000 年から開始した PISA 調査の概念的な枠組みとして定義付けられた。PISA 調査で測っているのは「単なる知識や技能だけではなく、技能や態度を含む様々な心理的・社会的なリソースを活用して、特定の文脈の中で複雑な課題に対応することができる力」であり、具体的には、①社会・文化的、技術的ツールを相互作用的に活用する力、②多様な社会グループにおける人間関係形成能力、③自立的に行動する能力、という三つのカテゴリーで構成されている。

また、学習指導要領答申のパンフレットでは、次のように示しています。

> 「生きる力」の育成が必要とされる背景
> 新しい知識・情報・技術が政治・経済・文化をはじめ社会のあらゆる領域での活動の基盤として飛躍的に重要性を増す「知識基盤社会」の時代
> ○知識基盤社会においては「課題を見いだし解決する力」、「知識・技能の更新のための生涯にわたる学習」、「他者や社会、自然や環境と共に生きること」など、変化に対応するための能力が求められる
> ○このような時代を担う子どもたちに必要な能力こそ「生きる力」
> ○ OECD が知識基盤社会に必要な能力として定義した「主要能力（キーコンピテンシー）」を先取りした考え方

つまり、知識だけではない力を育んでいくことが強調されています。まったくそのとおりだと思います。

> **Q** 教員とは、子どもが好きな人、教える教科が好きな人が目指していることが多いと感じるのですが、教科を学ぶことによってそれを社会に応用していく力が弱い子（私も含め）が多いと感じます。"国語学習"でとまっている子どもたちをなんとかしたいと考えているのですが…。

たいへん難しいことだと思います。教科学習が直接的に社会へ応用していけるものばかりではありません。学んだ知識がバックボーンとなって社

会生活を豊かにする、あるいはまた、学んだことが物事を判断する時に無意識のうちに効果を発揮するというものだと考えます。幅広いさまざまな分野の学びから人はつくられていきます。さらには、教室での知識教育を超えて学級活動や体験的学習、部活動などを積むことによって応用ができる力が育っていくでしょう。

> Q 現在の教育は社会人になるための教育だと思いますか。私はそうは思いません。

これだけの記述ではどういうことを言わんとしているのか分かりません。広義には、教育は社会人になるための教育です。大学教育では、哲学から専門分野までさまざまなことを学ぶことによって社会人としての素養が育まれていると思います。高校でもいろいろな教科を学ぶことでは似たようなことが言えます。「社会人になるための教育」は税とかローンとかコミュニケーション能力の学びといった直接的なものと広く人としての学びとの両方があります。昔の教育は知的学びが主で社会的スキルを教えるということはほとんどありませんでした。自分で本を読み、社会体験を積み重ねることによってスキルを高めていって欲しいです。

19 進路指導

進路指導は進学・就職の結果を出すものだけではありません。

学校を卒業すると社会へ巣立っていきます。中学校ではほとんどの生徒が高校にいき、高校では就職する者と進学する者がおり、大学では多くの人が就職します。生きていくためには働かなければいけません。一方、せっかく就職したのに離職する人がいます。7・5・3という言葉がありますが、卒業3年以内の離職率です。中学校卒では7割、高等学校では5割、大学では3割の人が卒業後就業しても3年以内に離職しているという

数字です。景気の動向によって就職が厳しい時もありますが、自分のライフスタイルを持って将来を展望しながら自分に合ったところに就職していきたいものです。大学に進学する時も将来の仕事を見据えて学部・学科選びをして漫然と大学生活をしないのが賢明です。偏差値だけから進学先を選ぶべきではありませんし、そうした指導をするべきではありません。

　入ったけれども合わないことはありますが、逃げて替わるのでなく積極的に変わるという意思を持って転職すべきです。食うためにはお金が要ります。お金を稼ぐには辛抱が要ります。生徒によく考えさせて、誰しも納得できる人生を歩めるようしっかりとした進路選択をさせなければいけません。

▼進路指導

Q　先生は高校生の時、自分の人生は自分で決めると決めていましたか。
Q　私が高校生の頃、進路を早く決めなさいと高1の頃から言われてきて、全然やりたいことが当時は見つからなかったので困りました。やはり、高1など早い段階から進路を決めたほうがよいものなのですか。
Q　私は中高一貫校に通っていたのですが、中学3年の頃から学校で高校卒業後の進路指導をよくされていました。時期がまだ早いと思ったのですがどうなのでしょう。

　自分のことは自分でと決めていました。ただ、何になるかは明確ではありませんでした。したがって志望学部も文系か理系か体育系か定まりませんでした。大学でも入学時は会社か教職か進学かはっきりせず、3回生になって教職と決めた次第です。指導する時には「目標を早く」と言いますが自分のことを言うとそのような実態で、理論と実態が乖離していると言われたらそのとおりです。高校から志望と能力についてのガイダンスが必要です。

　一般的に目標が決まっているほうがそれに向けて努力しやすいということがあるので、目標決定を早くさせようとします。また、経験が足りない未熟な時の進路選択は選択ミスの危険もありますので、指導する立場とし

てはこのことにもよく留意して指導しなければなりません。生徒にできるだけたくさんの情報を聞くように指導することや選択ミスをしても再出発できる力をつけさせておくことが大事なことです。

> Q 進路指導の内容が若干抽象的だったので具体例がほしかったです。
> Q 進路指導は具体的に何をすればどうなるのかいまいちわからない。
> Q 先生は、今のフリーターやニートが単にやる気がないから積極的に働かないと思っていますか。

進路先を決定するだけでなく、どのように生きていくかも含めて指導していきます。実際には3年間の進路指導カリキュラムにより、進路啓発の講話、進路志望調査とそれを基にした担任指導、模擬試験、補習、選択科目決定、進路説明会、進路別説明会、企業・大学見学会などを連続して展開していきます。生き方指導まで多岐にわたります。単に、受験指導、偏差値での進路先決定作業に終始するのは適切でありません。

フリーターやニートについては「やる気がない」人がいますし、就職氷河期にうまく就業できなかったからしかたなくフリーターになっている人もいると思います。親がかりで食べていけるから働かなくてよいという人がいるのも事実です。いかに生きるかを考えさせ、勤労観や職業観を持たせる取り組みが必要です。

▶参考資料

平成18年厚生労働白書では、内閣府「若年層の意識実態調査」(2003年)によれば、フリーターが正社員になっていない理由としては「勤務時間などが自分の都合に合わない」とした者は18.5%しかおらず、「条件にこだわっていないが正規の職がない」(17.1%)、「近くに正規の職がない」(14.6%)など、必ずしも自ら望んで「自由な働き方」を望んだ結果ではない者も相当数にのぼる。

〈中略〉

このように、若者の不安定な雇用の問題については必ずしも若者がフリーター・非正規雇用を望んでいるのではなく、企業側にも要因があると

考えられる、と述べています。

> Q 「進路指導で重視しているもの」で9項目ありましたが、私が経験したことのない項目もあります。具体的に「人間関係能力」や「自己表現力」「目指す進路の世界の理解」とはどのような指導なのでしょうか。
> Q 先生は進路指導のポイントをどこにおいていますか。

　「人間関係能力」はその文言のとおり人間関係を円滑に進めていく力で礼儀・態度・言葉遣いなどが含まれ、「自己表現力」は自分の豊かな中身を、書いても、話しても、態度でも伝えられる力で、教科学習をはじめ学校のすべての教育活動で指導していきます。「目指す進路の世界の理解」というのは、社会や企業、大学を知ることで進路学習の中で行います。私が重視する進路指導のポイントは、就く職業を含めて何を目指したいかを明確にすることと積極性・協調性が重要であると考えます。大学に進学する生徒には就く職業を漠然としてでもイメージさせて学部・学科をしっかり考えさせ、どのような人生を歩んでいきたいかも面談などで考えさせます。進路決定の指導に際しては、生徒の希望、資質（向き不向き）、能力などが大切です。

> Q 将来なりたい職業・夢がはっきりしている生徒とそうでない生徒がいると思います。後者のような生徒を指導する際に工夫されていたことを教えてください。
> Q 自分が進路指導の立場に立ったとき、夢を追わせるか進学を選ばせるか、先生はどちらをすすめますか。

　特別の工夫はありませんでした。職業講話や生き方に関わる講演を行い、生徒が何を考えているかを面談して聞き、具体的な仕事を説明するなどをしてなりたいものをイメージアップさせます。学校の教育計画の中でそのような機会をつくります。どうしても考えようとしない生徒、職業や夢が具体化できない生徒がいますが、そのような取り組みをして具体化を促します。それを考えるために大学へ行くというのも一つの道です。

夢の追求については、生き方を説きながら目指す進路実現に向かわせます。夢を追うだけの指導はしません。

> Q 「生き方指導」と学校は思っていても、生徒は志望校に受かることが重要だと考えていると思うのでそういう場合はどうするのですか。
> Q 「進路指導は生き方指導である」と表記されていますが、教育としての考え方はそう捉えていても、保護者側では進学、就職対策に対する"結果"を重視して考えるので、ズレが生じてしまうのではないでしょうか。
> Q 進路指導のことについて、私が受けた授業は先生の教科書に書いてあったこととはかけはなれたものでした。主に「どの大学に行けるか」という内容で、今から思うとあまりよくなかったですね。その中でも相談にのってもらえた先生がいましたが。

　進路において結果を求めることは確かに現実です。進学でも就職でも受かるための指導は必要です。「力」に見合った志望先を決定しなければなりません。もちろん偏差値で指導する局面もありますが、志望校決定までの過程で生き方指導をしておくべきです。志望先決定の適切な判断のためにも総合的な力が必要です。進路先のミスマッチを防ぐ意味でも学力一辺倒は危ういです。文科省の報告書では「目前の入れる大学を選択することを目的化するのではなく、その先にある大学等の卒業後において、社会的自立、職業的自立ができるよう、主体的に進路を決定する能力・態度を育成するキャリア教育を進めることが重要である。」と示されています。[1]

　卒業3年後の離職率を見ても、指導者は目先のことばかり追わずどのように生きていくかを含めたキャリア教育を行うべきであります。多くの普通科高校では「入れる大学を探す進路指導」が多いでしょうが、総合的学習の時間を使ってキャリア教育をしている学校はかなりあります。

（注）
(1)「高等学校におけるキャリア教育の推進に関する調査研究協力者会議報告書」平成18年11月。

> Q 教育実習で高3を担当しました。進路指導の面で大学や勉強について

主に話してくださいと先生方から言われそうしました。将来の夢や生き方については、高3では必要ないのでしょうか。将来のことはいつごろから生徒と話していくのが適切なのでしょうか。

　受験への動機づけに最近の経験者である先輩から話を聞くと触発されるだろう、と期待して多くの学校が実習生に講話をしてもらっています。先輩として夢や生き方を語ってもよいですし、受験のノウハウがあってもよいです。この機会とは別に「ようこそ先輩」ということで毎年卒業生が講話に来る学校がたくさんあります。先輩ということで親近感があり、刺激を受けるところが大きいでしょう。これは1年でも3年になっても行う意義があります。進路指導は「生き方」指導を意識して高校では入学した時からやります。

Q　進路相談のよいやり方が分かりにくかった。

　生徒が事前に提出した「進路希望調査票」や「自己理解を深める意識調査」を面接資料として活用し、コーチングの手法を使いながら面談を行います。相談したいことが何であるか、分からないことはどのように調べたらよいか、目指す進路実現のために必要なことは何かを明らかにさせ、自己決定できるように指導します。教師が押しつけをしないよう留意することです。

Q　就職する人の進路指導はどのようにするのですか。
Q　大学は次のステップが就職なのでキャリア教育は確かに必要かもしれないが、大学が「就職予備校」になってはいけないと思う。きちんと自分の専門を学べる場であってほしい。今もゼミが始まる3回生から就活をしないといけないのはおかしい。

　就職生用のカリキュラムを整え、勤労観・職業観を育成するためのメニューを用意します。企業訪問、職業研究、インターンシップ、面接練習、進路説明会などを計画的に進めていき、即就職するわけですからこれ

からの生き方についてしっかりと指導する必要があります。

　大学については私もそう思います。本来は卒論を書いてこそ大学であると思います。大学は就職するためだけにあるのでは決してないはずです。

> Q　教師で名刺が必要な時はどんな時ですか。作るのはいくらくらいかかりますか。

　必要なのは外部の人と面会した時です。インターンシップの受け入れ先、外部講師、企業の人、大学の先生、生徒の関係で出会わざるを得ない外部の人、中学校の先生、研究会での名刺交換などです。保護者に名刺を渡すことはありません。費用は店によりますが3,000円もあればできます。数枚ならPCで作ります。兵庫県の場合、私の現役時代は名刺を公費で作れるのは管理職だけで、外部の人と会う機会が多い進路担当者でも公費では作れませんでした。オンブズマンへの過剰反応です。これだけ外部の人との連携が言われている現在ですから、すべての教職員が公費で名刺を持つことは社会通念上許されると思うのですが残念なことです。会社は新入社員にも当然名刺を持たせます。

　ついでながら携帯電話についても言いますと、校長でも公費の携帯電話はありません。校長は出張が多く、出張先から学校等と連絡をとらないといけないことがよくありますが、すべて自分の電話を使います。

▼プレゼンテーション能力

> Q　プレゼンテーション能力とはどんなものか分かりにくかった。
> Q　プレゼンテーション能力とは説明能力ですか。
> Q　プレゼンテーション能力を伸ばすにはどうすればいいのですか。

　プレゼンテーションは提示や公表をすることで、学校では広報や調査結果の発表をする時に行います。略してプレゼンと言っています。まとめたものを示して説明するものですから、まとめる力・説明する力が要ります。最近はプレゼンテーションソフトを使ってパソコンで行うことが多く

なりました。

　プレゼン能力を上げるには、さまざまな体験をする、情報を引き出しいっぱいに蓄積する、人との交わりに慣れるなどです。さらに自分が伝える内容をしっかり整理してまとめる、聞く人や見る人が分かるように伝える、「しゃべる」なら声の大きさ・明瞭さ・速さなど、「見せる」なら見やすい画（スライドショウなら字のフォント・配置・字数など）に留意することが大事です。これらができるように自分を訓練することです。ゼミで自分が発表する機会があるなら、それがプレゼン能力を伸ばすよい機会です。

　学校では、生徒が総合的な学習の時間などで調査研究を発表する機会が増えましたから、これを指導する力が必要です。また、公立高校でも学校説明会を重視しておりこの際もプレゼンが行われますからプレゼン能力は不可欠になっています。

▼インターンシップ

Q　インターンシップって何ですか。教育実習ですか。
Q　インターンシップは体験したほうがいいと思いますか。

　就業体験です。「産業の現場などで、主体的に進路選択できるようにするため就業体験をすること」です。教育実習は教職科目履修のために行いますが実態はインターンシップです。大学には中学校の指導補助員募集などがくることがありますので、学校現場を知る機会として体験してみることを勧めます。インターンシップを体験すると現場の業務の実態や自分に不足しているものが分かります。あわただしい教育実習とは別に機会を見つけて体験してください。

20 保護者

学校と保護者は車の両輪です。

　親は単なる「親」でなく「保護者」となっているわけですから、子どもを保護・監督する保護者と学校の関わりが当然出てきます。保護者は面倒なものとの捉え方をせず、学校と保護者は車の両輪との認識を持って毎日の教育を進めていくべきです。

　最近の保護者についての変容がしばしば語られており、保護者と教師の子ども観についての実態調査では大きな認識ギャップがあることが明らかにされています。また、モンスター・ペアレントという言葉が一般化して困った親がいっぱいいるとの印象を世間に与えています。確かに無理難題を言ってくる一部保護者もおり、その対応に苦慮することがありますが、保護者の下に子どもがありそれを教師が教えているのですから、保護者はうっとうしいものとの固定観念を持たず、共に育てるという意識を基調にして保護者に接していかなければなりません。子どもの成長を願い、教育していくためには、親と教師が協力することが必要です。

　保護者については多くの質問が寄せられました。実態への疑問と対応への不安があるためだと思いますが、連日苦情が寄せられてくるわけではありませんので、萎縮せず、構えずに保護者との対応をすればよいです。また、困った時にはすぐに先輩教師や学年主任、管理職に相談することです。

　保護者が結集するPTAについても「煩わしきはPTA」との認識でなく、教師と保護者の会として教師は参画していく必要があります。PTAの会議では教師が前面に立たず、保護者が運営していくことが多いですが、会議に慣れていない方も多く、会議にレジメがなかったり雑談が長すぎたりするときは失礼にならない程度に援助をします。

　保護者が学校の活動に参画している例は「コミュニティスクール（学校運営協議会）」や「学校支援地域本部」の実践のなかに数多くあります。小学校の例が多いですが、高等学校の活動にも参考になります。京都市立の学校は「コミュニティスクール」になっている学校が非常にたくさんあり、保護者や地域との連携を活発に行っています。

▼保護者　モンスター・ペアレント

> Q　モンスター・ペアレントに出会ったことがありますか。恐ろしいですか。
> Q　「モンスター・ペアレント」などが聞かれますが、そのような保護者にもし出会ったら、どのような対応をすればよいでしょうか。

　モンスター・ペアレントと言うべきでないと主張する先生もいます。親からのクレームに対応したことはありますが、親ですから怪物ではありません。クレームは嫌なものですが恐しいとかいうものではありません。対応については、まず保護者の言うことをしっかり聞くべきです。言っていることは何か、言っていることの背景には何があるかなどをしっかり聞くことです。人間と人間のやりとりですからどこで行き違いや誤解があるかもしれません。学校側に過失がある場合もあります。日頃から保護者と連絡を蜜にして円滑な関係を構築しておくことがまず大事なことです。理不尽な要求や主張については断固聞きいれず、また、１人で対応しないことです。

> Q　クレーマーやモンスター・ペアレントという言葉をあまり報道しないほうがよいという話を聞きましたが、どのように思われますか。
> Q　クレームを言ってくる保護者を、教師が、あるいは教育に関わる者がモンスター・ペアレントと言ってしまっては、誠意ある対応はできなくなってしまうのではないですか。

　そのとおりです。保護者は子どもを養育する責務があり、学校は子どもを指導する責務があります。保護者と学校は車の両輪と言われるように協調して子どもを育んでいかねばなりません。その両者が反目していては子どもの成長に影響してきます。車は両輪が同じように動いてこそ前に進みます。保護者を敵視するということに繋がりかねないことは避けるべきだと考えます。時々困った親がいるということは事実ではありますが、基本的にはこのように捉えるべきです。

> Q 保護者から困った要求をされたことがありますか。
> Q 保護者の対応で一番苦労したことはどんなことですか。
> Q 保護者と揉めたことはありますか。

揉めることがよくあるわけではありませんが、困った要求をされたことはあります。

　○原級留置となった子について何とかならないかと要求してきた母親がいました。もちろん要求は呑めるものではありませんがしつこく要求を言い続けました。子どもは自分の成績が悪かったことを認識していますから仕方がないと思っているのですが、母親は「何とかしたい」の一念でした。
　○父・母・子がバラバラになっている家庭への対応には苦労しました。母親は仕事第一で帰りが遅く夕食もなかなか作らないありさま、父親は穏やかで、息子は学習意欲がなく、基本的生活習慣が乱れて喫煙で特別指導にかかり、結局、学校を去っていきました。学校に来てもらって何度か話をしましたが母が一方的にしゃべり、子どもを構ってやってほしいと我々は言いましたが結局聞き入れられませんでした。
どちらも学年主任の時の事例で、担任と共に対応しました。

対応は、感情を抑え、丁寧に聴き、説明することです。信念を持って対処しているかどうかが透けて出ます。無理難題を言ってきた場合、毅然として言い返すことも必要です。一人よがりにならないで、他の教師の意見・協力を得ることも必要です。対応が難しそうなら学年主任などの同席を求めるべきです。

> Q 保護者の苦情に校長が対応することはないのですか。

あります。ただしトップが出て行ったらもう後がありませんから校長が対応することは慎重にしなければいけません。基本は組織的対応です。学年内のことなら担任と学年主任が対応して解決を図るのが基本です。校長は組織の責任者として存在しているわけですから、軽々しく前面に出るべきではなく担当者が対応していくべきです。

> Q だんだん教師になるのが怖くなってきました。
> Q 精神を強くするためには何をしたらいいですか。

　誰しもそう自信があるわけではありません。大小いろいろなクレームはありますが、保護者が怒鳴り込んでくることは滅多にありません。こちらにミスがある場合は対応に苦慮します。さまざまな体験、それも苦しい難儀な体験を積み重ね、教師としての自信を体得して強くなっていくことです。日頃から他の先生とよく話をしておき、いざとなったら助けてもらえる人間関係を作っておくことはたいへん重要なことです。

> Q 保護者とのつき合い方をどうしたらよいのでしょうか。詳しく知りたいと思った。
> Q 実際に親が来て、理不尽なことや間違っていることを言った場合、(親に)注意というか、怒ったりしていいのですか。

　教育のプロとして主体性を堅持し、できるだけ自然体で、構えず、はったりをかけず、誠意を持って接することだと考えます。問題行動があったときに保護者に連絡をとるのですが、そのような時だけでなく、特段の問題がない時でも連絡を入れたりしていれば円滑な関係が築けます。親が間違ったことを言っている場合、黙っていたら肯定していると理解されることがありますので、怒らなくても間違いは指摘してよろしい。親は興奮していてもこちらは冷静にしているのが鉄則です。

> Q 親の常識のなさを最近よく感じます。なぜなのでしょうか。
> Q 先生が教師になってから、いつ頃から自分の子ども中心にしか考えられない親が出てきましたか。また、それが顕著になったのはいつからですか。

　なぜでしょうか。育ってきた時代背景が恐らくあるのでしょう。30年ほど前、1980年頃からでしょうか。生徒も変わってきましたが、保護者も変わってきました。高度成長の中で何不自由なく育ってきた人が現在親

になっていて、物質的に満たされ、人への気遣いも、我慢も要らない生活をしてきた習性が出てしまっている人がいるとの指摘があります。

> **Q** 親の意識の変化、すなわち仲良し親子が問題になってしまうのですか。親子が仲良しだとコミュニケーションが増えると思います。
> **Q** 仲良し親子ってどれくらいいるのか。

　親子が仲良しならコミュニケーションが増えるでしょうが、親と子は友達ではありません。親は子を訓育する立場です。親は乗り越えるべき壁、畏敬の念を持って接する人間、頼れる存在など、まさに親らしい存在であるべきです。友達親子はよくありません。仲が良いのが悪いと言っているのではありません。仲良し親子が増えていることは、調査などから一般的傾向としてそのように言えると思います。

▼保護者との連携

> **Q** 保護者と連携をとることは、何かで定められているのですか。

　教育基本法では、「第13条（学校、家庭及び地域住民等の相互の連携協力）学校、家庭及び地域住民その他の関係者は、教育におけるそれぞれの役割と責任を自覚するとともに、相互の連携及び協力に努めるものとする」とあります。

> **Q** 保護者や地域の人と連携していく必要は認めますが、保護者との連携は具体的にどのようなことをするのですか、また、連携の協力をどのように得ていくのですか。
> **Q** モンスター・ペアレントと呼ばれるような保護者は連携に協力してくれるのでしょうか。

　保護者との連携を強く広く持つことは実際には難しいことです。PTA総会や学年懇談会になかなか足を運んでくれないので困ります。丁寧な呼

びかけを粘り強くする、保護者から保護者に働きかけてもらうなどいろいろ工夫をします。学校レベルならPTA執行部と意思疎通をはかり、担任なら学級のPTA役員と連絡を取り合うことで協力関係をつくっておきます。保護者との連携は硬直しないで打ち解けて話をすることを基本に置くことが大事です。学校としての連携は、花壇づくりや生徒会行事に参加してもらう、外部講師としてきてもらう、祭りの補導に一緒に行く、PTAの研修旅行に同行する、PTAとの公的な飲み会には極力行くなどです。体育祭やマラソン大会での連携もありますし、学習支援ボランティアをしてもらうなどもあります。たとえば通学指導なら、どこに何人が立ち何をするかを事前に相談し、教師と一緒に行動することにします。共同行動をするとつながりが深まります。保護者全員が参加してくれるものではないとの現実を踏まえ、一人でも多くの人が参加すればよしとします。私はこれらの多くの部分で連携をとっていました。

　地域についても同様です。自治会長さんなどとよく話し、一人でも二人でもいいから協力者を得る努力をします。保護者でも地域の人であっても学校が熱心にしていたら協力者は必ず出ます。クレーマーであった人が協力してくれる立場になる場合もあります。苦情を言ってくる人とは話す機会がありますから学校の実情を説明する機会があるということでもあります。その結果、学校への協力者になることもあるとの話を聞いたことがあります。

　皆さんも教育活動や保護者との面談を積み重ね、人間の幅を広げていってください。教職に就くまでは、いろいろな研究会やフォーラムに参加して視野を広げるとよいです。

Q　先生自身は、しつけは学校と家庭とどちらで行われるべきだとお考えですか。
Q　保護者への働きかけとは、具体的にどのようなことをすればよいのでしょうか。
Q　どのようにしたら保護者に子どものことを知ってもらうことができるのですか。
Q　指導に対する親の理解はどのようにして得られるのですか。

Q　保護者との信頼関係はどのような時につくることができるのですか。

　しつけは基本的には家庭がするべきだと考えますが、先にも述べましたように保護者と学校は車の両輪ですから、学校の指導について丁寧に伝え理解を求める努力をします。入学説明会に始まって、入学式、PTA総会、学年懇談会など機会あるごとに校則、生徒指導の状況、学習の状況を説明します。学校の指導の状況や情報提供なしに理解や共同歩調をというのは難しいですから、保護者には学校の情報を十分伝えるということです。学校通信や学年通信・学級通信も出していきます。ホームページはできるだけ頻繁に更新して最新の情報を載せるようにします。各種の通信は日刊で出している校長もいますし、学級通信も日刊の人がいます。学年通信は月に1回程度でしょう。学校だよりも月に1回出したほうがよいです。私の学級通信は結局、平均すると月1回でした。

　生徒は自分の不都合なことを親に言わない場合がありますから、最近は家庭に電話することがたいへん多いです。これからの時代はネットを利用した情報提供が一段と進むと思います。

　学校・教師の実践が信頼されたとき保護者の支持を得ます。PTAの会議、保護者会、広報などで情報提供することによって理解の深化が図られます。

Q　PTAと学校間で意見が違った場合はどのように対処すればいいですか。
Q　教師と保護者の意識の違いで起こった問題で具体的なものはどんなものですか。

　十分話し、とにかく理解をしてもらうのですが、現実はそう綺麗にいきません。学校の意図に反して次のような残念なことも経験しました。
○ネクタイ無着用で来る生徒がいるので、その生徒に1日貸し出して着用させようとPTA役員会にネクタイ購入を相談したら（服育は親の努めであると思うので）、進路のためならPTA会計を利用してもらってよいが、制服のネクタイ予備10本を買い置きするのは認められないと言った。

> Q 先生はPTAなど保護者と対面した時、どのような内容を話しましたか。

　PTA役員になると学校へ行く機会が増えるなど大変ですので、それなりの丁寧な対応が必要です。私は学年主任の時は、最近の学校の様子、最近話題になっている教育関連の内容などを話し、出席してくれた方にお土産となる教育情報を毎回提供しました。PTAの運営については前に出過ぎないことに気をつけながら助言をしました。

> Q 保護者とのコミュニケーションで、先生が気をつけていたことを教えてください。

　かしこまらないで丁寧に話をする。嘘は言わない。きちんとした服装を心がける。こみいった話は電話でなく対面して行う。親が話しにくい内容は職員室でしないなど場に配慮する。などです。

> Q 行動や情報の連携での失敗談を教えてください。

　昔は連携という発想があまりなかったので具体的な事例はありません。今にして思えば、ある人物について、聞くべきところ（関係機関）に聞いておけばあの生徒指導事案はもっと早く解決していただろう、というのが思い出されます。自称「補導員」と言っていた人が実はそうではなく生徒を困らせていた人だったのです。

> Q 最近、親のみならず祖父母と学校が問題になり、親とは問題が解決しているのに祖父母が介入し、話がこじれるケースが増えていると新聞で見ましたが、実際に増えているのでしょうか。

　最近の現場のことはよくは分かりませんので増えているかどうかについては述べられませんが、最近、高校の教師から聞いた話にそれと同じことがありました。ヘエーと思ったものです。以前はそんな話は聞いたことがありませんでした。親の変容が語られますが、祖父母世代も様変わりしつ

つあるのかもしれません。

> Q 昔と比べてなぜ仲良し親子を目指す人が増えたのか。

　厳しさがなくなったからだと思います。何だかんだと言っても、食べるのに困らない状況が何十年も続いています。その中で人間関係に軋轢を避ける心情が生れてきたと思うのです。親が子どもにしつけをすると軋轢が生じます。最近の親はこれを回避しているのではないでしょうか。親も教師もここというときは子どもに厳しく当たらねばなりません。「らしく」という言葉を批判する人がいますが、親は親らしくあらねばなりません。校長先生は校長先生らしくでしょう。生徒は生徒らしく、学生は学生らしく。私はそう思うのです。

▼家庭訪問

> Q 家庭訪問ではどのような話をするのですか。
> Q 私の妹の高校は、私学で生徒が住む所もばらばらなのに家庭訪問があります。もう必要ないと思うのですが、先生はどう思われますか。

　家庭訪問の目的は生徒の養育環境を知ることです。それは地理的環境を含めての養育環境です。保護者と対面することも大きな目的です。学校での様子を伝え家庭での生活（生育歴、健康、勉強、睡眠、食事、挨拶、服装、手伝い、テレビ、ビデオ、ゲーム、ネットなどからこれはというもの）、親の願い、学校への要望などを聞きます。
　妹さんの私学はよい学校です。時間がかかり、また授業のやりくりも大変ですがよくやっていると思います。高校でも家庭訪問をするに越したことはないです。

> Q 家庭訪問で各教師・家庭によって、玄関で済ます場合と室内に通す場合があると思いますが、どちらのほうが良いのですか。生徒の勉強部屋なども見るものなのですか。

> Q 家庭訪問の際にその家のトイレを見たらその家庭が分かると聞きました。どうなのですか。そういった話を聞いたことがありますか。

　限られた時間であるし、入室は気を遣うので玄関で済ます場合がありますが、できれば短時間でも室内に座って話をするのがよいと考えます。ただ、お茶やお菓子まで出されると困ってしまいますから事前にしっかりとその旨を伝えておきます。生徒の部屋は、どうぞ見てくださいと言われたら見てもよいですが、普通は見せてくれとまでは言いません。
　トイレの話は聞いたことがあります。あながち間違っているとは思いません。

▼子育て

> Q どのような親が子どもをだめにしますか。

　子どもをだめにする方法です。よいことをしても褒めない。悪いことをしても怒らない。自分の気分によって怒る。いつも猫かわいがりする。子どものことを親がする。宿題はしてやる。荷物は持ってやる。欲しい物は何でも買い与える。先生の悪口を言う。配偶者の悪口を言う。兄弟姉妹を比べる。規範を教えない。などなど。

> Q よい点をとらせるために、親が「〇〇点以上とったら〇〇買ってあげるよ」とか言って、だから頑張るとかいう友達がいましたが、それはあまりよくないことだと思うのですが、先生はどう思われますか。

　よくないと思います。大人になるまでに自発性、自己教育力を身に付けさせることが大事なことですから餌で釣る式の養育は適切でありません。そのうち、携帯買ってくれたら勉強してやる、単車を買ってくれたら学校へ行ってやるというようにならないか心配です。実際、そのような高校生がいました。褒めることと叱ることをメリハリをつけて行うことです。

> Q 先生は実際、自分の子どもにどんな教育をしましたか。

　しつけだけについて述べますと、上の子には「約束を守る」を徹底しました。約束違反には叩いたりもしました。やりすぎたと反省しています。人はそれぞれ遺伝子をもっており、おとなしい子もあれば活発な子もあります。訓練によって変わるところはありますが、基本的な資質は変わりません。子どもにはそれぞれ持って生れた特性があり、自分の表出の仕方が違うということを若い頃は理解していませんでした。

21 連携・危機管理

今や学校が一人頑張るときでなく関係機関との連携が不可欠です。

　社会の複雑化や多様化、民意の変化により学校は開かれた形で運営されていく時代となりました。学校がすべてのことを自ら解決していくのは難しく、広く地域の力に助けられながら教育活動が進められています。年間を通しての外部講師、進路説明会の際の講師、インターンシップの受け入れ先、薬物防止教室への講師、ハローワーク、消防、警察など、私が校長時にお世話になった方や機関だけでも相当の数になります。限られた人員と専門性を越えてさまざまな分野の人や機関を学校外に求めていくのは充実した教育を行う上で不可欠になりました。

　私が校長退職後に勤務した教育事務所には学校サポートチームがありました。その構成は校長OB、警察OB、精神科医でした。学校で生徒指導について困ったことがあったら相談に乗って一緒に解決策を考えていく役割ですが、相談件数はそれほど多くなく、なぜ気軽に相談してこないのかと常々思いました。学校サポートチームは基本的には小・中学校が対象なのですが、高校からの「男子生徒が精神的に不安定なので精神科医に相談したい」という事案にも対応し、私はサポートチーム担当者ではないので

すが高校担当者としてこの事案の統括をしました。精神科医は校医になっていませんので気軽に相談できる機関が多くありません。学校では発達障害や精神疾患について相談したい内容はあるはずなので、このサポートチームに医師がいるのはよい制度です。この相談を受けた事案は、医師を交えて支援会議をして、結局、生徒が精神科医の診察を受けるということになりました。

学校は外部機関と連携することにまだ慣れていないところがありますが、この例のように学校が関係機関に相談をして早期に解決の道を歩むことが学校にとっても生徒にとってもよいことであると実感しています。

▼連携

> Q なぜ学校は警察の介入を嫌がるのか。報道されるからか。
> Q なぜ学校は警察への連携をしぶるのか。
> Q 警察とどのような連携をとって、そして警察は学校に何をしてくれるのかが、イメージできなかったです。

警察へ通報することは「非教育者」との認識が長く続き、問題生徒を警察に通報することは「子どもを警察へ売る」と非難されてきた経緯があります。なんとか学校での指導で収めきりたいとの願望は今もあります。報道のことよりは、自らの手で主体的に解決しようとする意思があるからです。まずいところは隠したいというところがないわけではありません。学校は警察との連携を渋ったりしていることはなく、積極的に警察と連携をとっています。警察からは最近の少年非行の実態や自校生徒の問題行動の情報をもらい、学校周辺の警備や交通指導などに協力をしてもらいます。

> Q 電車の通学マナーで指導員の人に指導された県立神崎高校の生徒たちは後どうなっていったのですか。マナーの改善はされたのですか。

見事に改善されました。かつての神崎高校は教師の指導が追いつかず、校内外での荒れは目にあまる状態でした。通学列車では無賃乗車する、喫

煙する、地べたに座るなどで沿線の住民が困惑していましたので、さまざまな機関が協力体制をとって通学マナーの指導をしました。このうち警察OBの方々は毎日5名ほど乗車して、高圧的にならず、粘り強く、丁寧に指導していきました。その結果、沿線の学校の中でもマナーがよいほうと言えるほどになりました。神崎高校の教師数は少なく連日の問題行動への対処で手一杯の状態で外部の方の力なしには乗車指導までとてもできませんでした。外部の人の力が大きく効果をあげて成功した一例です。この列車指導には神崎高校への応援と自校生徒の乗車マナーの指導を兼ねて他校の教師も加わっていました。この警察OBのマナーアップ指導員の取組はNHK『ご近所の底力』でも取りあげられました。その一部は『たった3年で学校が変わる！　神崎高校再生の軌跡』（神戸新聞総合出版センター）にも掲載されています。一読を勧めます。

▼危機管理

> Q　事前の危機管理は火災訓練などの定期的なものだと思いますが、どのくらいの期間でするのですか。また、非常時の対応について教師の研修などはあるのですか。

　危機管理への備えはさまざまなことがあります。学校で行っていることすべてについて危機管理が必要であると言ってよいでしょう。その意味では毎日が危機管理の連続です。学校は学校管理下にある児童生徒の安全確保義務がありますから生徒の事故や不審者の侵入への備えが要りますし、文書やPC情報・施設設備の管理なども必要です。危機管理は事前、発生時、事後の三段階がありますが、事前の危機管理は危機管理マニュアルを作成して具体的な危機への備えをしておくものです。児童生徒自身にも危機を回避するために対処すべきことを教えておくことが必要です。月に一度、掃除監督場所の安全点検を各教師がしていた学校を経験しましたがこれも事前の管理でよい取り組みでした。

　避難訓練についてはできるだけ数多くするのがよいのですが、学期に1度する学校が多いと思います。非常時の対応については毎年度当初に文書

等が出されます。地震などの災害や不審者侵入については実践を含む研修が行われることもあります。

> Q 危機管理マニュアルは文部科学省が作成するのではなく、学校ごとに作成するということなのでしょうか。そうだとしたら、けっこう大変ですよね。

　学校ごとです。校種や学校規模、地域性に違いがありますから学校ごとにつくらなければいけません。国や県に雛形がありますのでそれを参考にして作成しています。時代の変化に伴って修正をしていかなければいけませんが、大切なことは、全教職員がそのマニュアルを理解し活用できるようにしておかなければいけないということです。私の勤務校でも避難訓練のさいに指示通りしていなかったり、タバコの吸殻を教室のゴミ箱に捨てている教師がいたり、個人情報を無頓着に流していたり、毎日が危機管理の連続でした。マニュアルをつくるより危機を防止することや発生した危機を適切・迅速に処理することが重要です。通常は常識的な処理で解決できますが、大事件や大災害の危機に対処できる力を個人としても学校としても備えておかないと取り返しがつかない事態が生じます。

> Q 「生徒が不調の際、病院には先生が送らずタクシーか救急車を呼ぶ」とありましたが、実際にはどのくらいそれができていると思いますか。

　ほぼできていると思います。そうしていないとまずいです。いつ事故があるか分かりません。大切な生徒です。親切心から生徒を自家用車で搬送しても病院に早くつけなかったり、事故があったら補償問題が出てきたりします。よかれと思って教師が搬送しても、親切心が仇になることがあります。救急車が最もよいです。

22 学校は多忙

ゆとり教育になっても教師にゆとりができたわけではありませんでした。

　私が入職した昭和40年代に比べますと学校は格段に忙しくなっています。学級定員が減り、学校が週5日制になっても多忙感は増すばかりです。さまざまな要因により精神的ストレスも増えています。一方では教師バッシングがあったりもします。こうした状況下で精神疾患が年々増えていることは看過できない事態です。「ゆとりの中で生きる力を」は教師に対して必要なことです。

▼多忙

> Q　学校は忙しいと聞きますがホントですか。
> Q　日本の先生はわりとよくやっていると言っていましたが、ゆとり教育で先生も少しは楽になりましたか。

　忙しいです。学校週5日制になってさらに忙しくなったように思います。それは、6日分の仕事を5日でしなければいけないためと仕事の内容・質の変化によるものです。仕事の内容は、以前はなかった総合的な学習の時間、環境教育、異文化理解、国際理解、ボランティア活動などが入ってきました。質の変化は、保護者の変容、個人情報の管理、地域や外部との連携などです。

　これとは別に、学校には独特の文化がありまして、学校に遅くまでいるのが真面目な教師、早く帰るのはサボリ教師という感覚が今なお残っているところがあります。やるべきことをやったら帰ってよいのですがそのような呪縛が早く帰るのをためらわせる学校があります。熱意をもって仕事をして欲しいのですが、いたずらに遅くまで学校に残ることがよいことではありません。仕事を効率よく進めて勤務時間が終われば基本的には帰ればよいのです。私の経験では、会議を始めるのに時間が守られたことは皆無に近かったです。生徒を相手にしているからしかたがないと言えばその

側面も確かにあるのですが、時間を有効に使う意識が薄い人がいます。学校の仕事にも効率が求められます。

> Q こんなにしんどい仕事なのに先生はどうしてやめなかったのですか。

　毎年毎年、毎日毎日しんどいわけではありません。生徒と生活していて楽しいこともあります。生徒が生きていくことに関わることは他の職業では得られない役得です。教師を辞めなかったのは、意地があった、また、食うために辞められなかったということです。

> Q 教師の仕事が大変だということは、高校時代に先生を見ていて気がつかなかった。
> Q ４番手・５番手校の教員の平均睡眠時間はどのくらいですか。

　楽しいこと、やりがいのあることは一杯あります。ただ、どの職業も責任はあります。楽をしていて給料はくれません。進学校なら生徒の学力レベルに対応する学習指導力と教員間の切磋琢磨、生徒指導を要する学校なら、指導方法の研究、生徒指導力の研修など、生徒や保護者に見えない仕事はたくさんあります。そして、教職員は外に対しては「多忙で困っている」と言わない習性がありますので外の人には多忙が分かりにくいのでしょう。
　４番手・５番手校とは面白いことを聞きます。偏差値序列でしょうが、学校が常に生徒指導で夜も眠れないわけではありません。事が起こらなければ他の学校の教師と同じ睡眠時間が取れます。生徒指導が多い学校なら精神的に疲れることはあります。

> Q 民間企業では部下が意見をそろえて上司に抗議した場合（飲食店の話ですが）その抗議と要求を聞いて適応してくれた会社があったそうですが、今の教員の過重労働とうつ病患者の増加から、たとえば教育委員会に抗議したとかいうケースはあるのですか。
> Q テレビで日本の教師は雑用（報告書とか）が多すぎると言われていた

> が、政府はそれらを減らす意向がなさそうなのが残念です。

　学校現場はさまざまな形で教育委員会に現場の実態を伝えています。その機会が最もあるのは校長です。過重労働についても当然伝えています。その結果、兵庫県教育委員会は昨年度から「教職員の勤務時間適正化対策プラン」を実施して、教職員の勤務の軽減に努めています。ホームページにアップされています。

　文科省も減らそうとはしていますが、仕事がいろいろあり過ぎます。教職員数が足りないのです。

▼精神疾患

> Q　教師の精神疾患はなぜこのように多いのでしょうか。
> Q　精神疾患等、教師の心のケアについて先生はどう思われますか。
> 　　また、現在何か対策はあるのでしょうか（政策・制度的な）。

　最近、精神的に不安定な教師を見るのが珍しくなくなってきました。多忙や保護者対応などによるストレス過多が原因として大きいのではないかと思います。仕事で追い詰められたケースは気の毒だと思います。誰にでも気軽に相談することが大事で、また、学校と家族との連携が不可欠で早期治療することが早期回復につながります。相談できる専門員やカウンセラーが配置されたり、休職しても数年は給料が保障されたりしています。

> Q　先生の周りで精神的な病気になられた方はいましたか。

　いました。家族の支えが大事です。参考までに次の資料を示しておきます。

▶資料

　次の資料で教育職員の病気休職者数を確認してください。年々増えています。また、病気のうち精神疾患の割合が高く、この値も年々増えています。

病気休職者数等の推移（平成15年度～平成20年度）（文部科学省調査）（人）

		15年度	16年度	17年度	18年度	19年度	20年度
在職者数	A	925,007	921,600	919,154	917,011	916,441	915,945
病気休職者数	B	6,017	6,308	7,017	7,655	8,069	8,578
うち精神疾患による休職者数	C	3,194	3,559	4,178	4,675	4,995	5,400
在職者比（％）	B/A	0.65	0.68	0.76	0.83	0.88	0.94
	C/A	0.35	0.39	0.45	0.51	0.55	0.59
	C/B	53.1	56.4	59.5	61.1	61.9	63.0

（注）「在職者数」は、当該年度の「学校基本調査報告書」における公立の小学校、中学校、高等学校、中等教育学校及び特別支援学校の校長、副校長、教頭、主幹教諭、指導教諭、教諭、助教諭、養護教諭、養護助教諭、栄養教諭、講師、実習助手及び寄宿舎指導員（本務者）の合計。

Q 精神疾患にならないためには、自分が強くなるしかないでしょうか。今体育会のマネージャーをしていますが、この経験を教師になって何か活かせる機会はあるのでしょうか。

Q どうしても絶えられない時やストレスがたまった時は、どこで発散したのですか。

　さまざまな経験を一生懸命して揉まれ、自分を鍛えておくと経験したことは陰に陽に活かせます。もちろん強くなることはいいのですが、そう強くなれるものでもありません。自分だけで背負わず、人に話す、愚痴を誰彼となく言う、人の協力を得るなどを気軽にすることが大切です。私は40歳代の半ばから走るようになりましたが、走るようになってからは走ることで精神的に発散ができました。また、大会の申し込みをしていると日が早く経ちました。難儀な仕事を抱えたときは早く日がたって欲しいものですから走ることの効用がありました。

Q 先生は教師をしながら健康面で悩まれたことがありますか。

Q 心労、疲労で先生は病気になったことがありますか。

　幸い健康に恵まれました。胆力不足のため若い頃、十二指腸潰瘍になったことはありましたが、体力不足はありませんでした。昔タイプの人間み

たいなところがありまして、休まないのが美徳という心情があり、「今年は一日も休まないで勤める」と頑張っていたら12月頃に入って風邪を引いてしまったということが何度かありました。ただ、ストレスのせいか、困難校に長く勤めたせいか教頭のとき胃癌になりました。早期発見で完治してまったく問題ありませんでした。年齢と車通勤のせいで、40歳を過ぎた頃、授業にいく時3階まではホイホイと上がれるのですが、残りの1階で若い教師に抜かれだしたので、これはいけないと走り始めました。心身ともにリフレッシュです。それが今に続いています。そして昨年の夏は念願の北海道マラソンを完走しました。

▼教師の喫煙

Q 職員室でタバコを吸っている先生がいたのですが、生徒の喫煙を予防するには先生はタバコを学校内で吸うべきではないと思いますが、どうでしょうか。

　正論めいていますが、先生と生徒の立場は違うということが、一方ではあってしかるべきであります。健康という観点で、受動喫煙の害がある、迷惑であるということから言うとそのとおりです。吸うべきでありません。
　参考までに、平成14年に成立した健康増進法で次のように受動喫煙の防止が決められています。
　第二十五条　学校、体育館、病院、劇場、観覧場、集会場、展示場、百貨店、事務所、官公庁施設、飲食店その他の多数のものが利用する施設を管理するものは、これらを利用するものについて、受動喫煙（室内又はこれに準ずる環境において、他人のたばこの煙を吸わされることをいう。）を防止するために必要な措置を講ずるように努めなければならない。

23 学校経営

創る学校像、育てる生徒像を持って進化する学校を創る。

校長は子どもたちにとってよい学校かを絶えず検証しながら経営していかなければいけません。時代の移り変わりとともに学校と学校がおかれている環境が変わってきます。ですから今までと同じように学校経営をしていくのは適切ではありません。また、問題を抱えたままで格別の対策もとらず日が過ぎるに任せているのも適切ではありません。私は、そうした視点を持って学校勤務をしてきました。最後の学校では長く低迷していた普通科高校を総合学科に改編し、目的意識を持った生徒が生き生きと学ぶ学校へと改革しました。それは、そこで学ぶ生徒、そこで働く教師が成就感を得、生徒の保護者や学校を支えてくれる地域が満足する学校を創りたかったからです。どこの学校にも解決すべき課題がありますので、その課題解決のために全力を傾注していくことがそこで働く者の責務です。

▼創る学校像・学校づくり

> Q 先生はどういう学校づくりを心がけていましたか。
> Q 「創る学校像」というのは校長先生が1人で決めるのですか、それとも多くの教師の話を聴きながらつくっていくのですか。
> Q 先生の個性的な「育てる生徒像」「創る学校像」は何かありましたか。
> Q 先生が校長のとき、「この学校に入りたい」と思ってもらうためにどのようなことをしていましたか。

「明るく　くじけず　元気よく」とか「個性を伸ばし　自立した生徒を育てる」をモットー・教育目標としていました。私が望ましいと思った学校像は子どもも教職員も生き生きと活動する学校でした。「創る学校像」は教育目標の上にくるものですが、学校の歴史や教職員の考えを踏まえて校長の責任でつくります。教職員の声がベースになりますが全員の意見を取り入れることはできません。学校経営の責任者である校長が大局を判断

してつくります。私は魅力ある学校、オンリーワンの学校を創りたかったです。それは、それまでの学校は魅力がなく、特色のない学校だったからです。学校がおかれる教育環境も変わってきますから、学校はその時々の学校運営を分析・評価して絶えず進化していくべきであると考えます。私は普通科を選択科目が多く進学にも就職にも対応できる総合学科に改編し、総合学科の理念を『TOMO^3（ともキュービック）〜友と共に明日（tomorrow）を拓く〜』として「和の文化」「アントレプレナー」という特色ある科目群を作りました。これらの多くは校長の知恵より検討に参画した先生方の知恵でした。

> Q 学科改編とありましたが、教師の意志で学校の制度を変えていくのは難しいと思います。どのように変えていったのか、具体的に教えてください。

そのとおりです。制度上のことですから教育委員会が決めます。ただ、決めるまでに、学校現場がどのように主体性を発揮して改編の意思を示すかです。校長がリーダーシップを発揮し教職員の共通理解をはかって改革を進めていきます。いつでも、どこの学校もができることではありません。全国の相当数の学校が学科改編をしましたからこれから改編する学校数は限られてくるでしょう。

私は普通科を総合学科に改編しました。それは、特色がない、生徒指導が多い、定員充足に苦労する学校を魅力ある学校に再生させたかったからです。教育委員会に「改編したらどうか」と言われたわけではなく、これは何とかしなければいけないと思って、将来像委員会を組織して研究の上、自ら改編の道を選びました。詳しくは関西学院大学教職教育研究センター紀要である『教職教育研究第15号』（2010年3月）に収録されている報告論文を参照してください。

> Q 学科改編はそんなに簡単にできるものなのかな。もっと行動を起こしやすい例はないのかなと思いました。

そのとおりです。そういう大改革による生徒指導体制の再構築もあるということを示したまでです。類型の充実、TT（複数教科担任制）、選択科目設置、部活動活性化、60分授業、90分授業、朝の読書、その他いろいろ考えられます。生徒指導体制の確立が当面の課題ならそれに見合った対策が必要で、校内巡回、生徒理解、分かる授業、授業研究の推進、教育課程の検討などに取り組みます。

Q　学校改革の具体的事例をもっと知りたいです。

　ここには書きつくせません。教育雑誌や単行本、研究会、学会、ベネッセやリクルートの情報誌やホームページ、ネット検索などで情報を入手してください。たとえば中井浩一『高校が生まれ変わる』（中央公論新社）のような本です。この本にも収録されている福岡県立城南高等学校の「ドリカムプラン」はキャリア教育を軸にした全国的に有名な実践で、今なお見直しを行って進化し続けています。ドリカムプランは単行本でも出版されています。

　生徒指導関連では学校を劇的に変えた次の２校の実践を記録した本を常に紹介しています。
・神戸新聞社編『たった３年で学校が変わる！　神崎高校再生の軌跡』神戸新聞総合出版センター、2006年11月
・鈴木高弘『熱血！ジャージ校長奮闘記』小学館、2004年7月

Q　「創る学校像」や「育てる生徒像」が、学校と自分の中でくいちがう時、授業やHRで自分の考えに基づく教育を少しくらいはしてもいいのですか。

　基本的には、責任者・スクールリーダーである校長、あるいは学校が定めた方針に従うべきです。一人一人が勝手に走っていったら学校はバラバラになってしまいます。責任者は校長です。校長を無視して勝手なことは許されません。現実には、基本方針を尊重しながらも人により重点の置き所が違うことがありますので、具体的なところではそれぞれの工夫があってもよいと考えます。

▼校長の力

> Q 校長や主任の立場で、教師をまとめる時に一番気をつけていたことは何ですか(やはり、相手のプライドを守るということでしょうか)。
> Q 先生が校長として他の先生をまとめるために苦労されたことは何ですか。

　目標を明確に示す、労わる気持ちを忘れないということには気をつけていたつもりです。「やるべきことはやる」を基本として、配慮したのは、プライドよりいかに軋轢を少なくするかです。自己主張する教師が多かったため、心掛けたことは言うべきことははっきり言いながらも我慢をするということでした。また、教頭・事務長を頼りにして、部長・主任との関係を密にするよう努めました。

> Q 私は中高男子校で、卒業してからも男子校であったことを含め誇りに思っています。でも、近々共学になってしまいます。そこで、中学の校長はそのことに反対して辞めようとしています。校長の力とはそんなにも無力なのですか。

　詳細が分かりませんので一般論を述べます。その学校は私立と思います。私立は生き残りをかけて経営努力を積み重ねています。その一貫として共学化に踏み切ったものと思います。私立の場合、理事会側の経営方針が強く押し出され、校長といえどもそれに反対しきることはできないでしょう。それが校長の無力とは断定できないです。私立なら理事会側と校長、公立なら教育委員会と校長の関係が似たようなものだと思います。人事権をもっているのは、理事会であり教育委員会でありますから校長の思い通りにはなかなかなりません。

> Q 教頭や校長になるメリットは何ですか。
> Q 大阪で30代から校長の試験を受けられるようにするという考えを聞きましたが、教師に必要な能力と校長に必要な能力は別なのですか。また先生はこの考えに賛成ですか。

校長になることは自分の教育信念を実践できることです。実際はそう思い通りにできるわけではありませんが、校長には法的権限がありますから、建前から言うとやりたいことができるということです。私が学科改編をできたのは校長であったからです。

　校長と教諭の能力は別です。いい授業をする人がいい校長になるとは必ずしも言えません。校長は学校経営力が必要です。それなりの人生経験が必要であると考えますが、その能力があるなら若くして校長になってもよいと思います。

> Q　授業の未履修の黙認はありましたか。

　私は世界史にみられたような未履修には関わっていません。前に述べたとおり未履修がごとき違法行為をやってはいけません。学習指導要領が気に入らないからといって勝手なことをしていいはずがありません。それが生徒の進学のためだからといってもです。

▼民間人校長

> Q　私の中学校では校長が民間から来た人でしたが、具体的には「民間から来た」とはどういう意味ですか。
> Q　民間からの校長で運営は成り立つのですか（教師経験がないので現場のことが分からないのでは）。

　教職員でない人を民間人と言っています。つまり銀行員や会社員であった人が校長になることです。平成21年4月1日現在、公立学校の民間人校長は43都道府県市で96名です。直接その苦労を聞いたことがないのでよく分からないのですが、確かに運営がうまくいくのか疑問はあります。が、学校が機能的・機動的な運営をしていない面もあり、会社等民間の経営感覚・手法で学校改革を進めようとしているところは意義があると考えます。その方の志や人となりがよい学校づくりができるかどうかを決めるでしょう。

一例ですが、大阪府立芦間高等学校や雲雀丘学園のホームページを見ると民間人校長のありようを垣間見ることができます。

▼学校組織

> Q　学校組織と教員数はどうなっているのですか。
> Q　生徒指導（指導部）の先生はどのようにして選ばれるのですか。また、選ぶ基準を教えてください。
> Q　先生は指導部以外の組織に所属していましたか。

　教員定数は学級数で決まるのが基本ですので、小規模校の教職員は少数になります。仕事の分野はどの学校も同じですから小規模校の先生は多くの分野の仕事を抱えることになります。
　校務分掌は希望も聞きながら、分掌全体の調和も考え適任者を配置します。生徒指導に限らず、年齢や男女の構成をできるだけ考慮します。教師の中には生徒指導が得意でない人がいますのでその人は生徒指導には入れない場合が多いです。
　私は、学年・教務部・進路指導部・生徒指導部・管理部などいろいろやりました。

> Q　副担任や担任ではない教員は授業時間外に何をしているのですか。

　授業時間外は全員教材研究や校務分掌の仕事をします。校務分掌の仕事というのは、学年所属の人は学年・学級の仕事、学年所属でない人は教務部とか生徒指導部とかの部に所属していますのでその仕事をします。この間に教師同士の情報交換をしますし各種の委員会などいろいろな会議があります。

> Q　今日のふりかえりのまとめのところで、校務分掌について説明されていましたが、副主任や担任、学年付の先生は係にも入っていましたが、学年主任の先生は他に係の仕事はないのでしょうか。また、委員会を

一人の先生が複数もつこともあるのでしょうか。

　主任は学年を統括します。それが仕事です。係の仕事はありません。部長・主任会（学校によって校務運営委員会と言ったり、企画委員会と言ったりする）があります。学年主任もいくつかの委員会の委員になりますし、委員会を複数持つ先生はいます。小規模校なら多くの仕事が回ってきます。

Q　部と委員会の違いをもう一度教えてください。
　　部と委員会の違いは大きさだけですか。

　全員が学年か部のどこかに所属します。下の表のイメージです。学年や部とは別に委員会が組織されます。部と委員会の違いは大きさではなくその構成です。委員会の委員は学年や部に所属している人が集まって構成します。どこの学校もかなりの数の委員会を設けています。学校規模が小さい場合は多くの部を組織するだけの人数がないため部を組織できず、委員会組織で運営している分掌もあります。たとえば教育相談部をつくらずに教育相談委員会で運営するなどです。なお、下の組織は一般的なものを示しており、大阪府立槻の木高等学校のように独自の校務分掌組織を作っている学校もあります。

1学年団	主任	副主任	1組	2組	3組	4組	5組	6組	委員会
係		生徒	生徒	教務	教務	進路	総務	保健	
2学年団	主任	副主任	1組	2組	3組	4組	5組	6組	教育課程委員会
係		生徒	生徒	教務	教務	進路	総務	保健	教育相談委員会
3学年団	主任	副主任	1組	2組	3組	4組	5組	6組	人権委員会
係		生徒	生徒	教務	教務	進路	総務	保健	・
部									・
生徒指導部	専任＋学年係								・
教務部	専任＋学年係								
進路指導部	専任＋学年係								学年や部に所属して
総務部	専任＋学年係								いる人
保健部	専任＋学年係								

> Q 学校評議員会についてもっと知りたい。
> Q 学校評議員会は必ず地域の人たちで構成されるのですか。

　平成12年1月の学校教育法施行規則の改正により、地域住民の学校運営への参画の仕組みを制度的に位置づけるものとして学校評議員制度が導入されました。導入についての趣旨は「学校・家庭・地域が連携協力しながら一体となって子どもの健やかな成長を担っていくため、地域に開かれた学校づくりをより一層推進する観点から、学校に、学校評議員を置くことができることとする。これにより、学校や地域の実情に応じて、学校運営に関し、保護者や地域住民の意向を把握・反映しながらその協力を得るとともに、学校としての説明責任を果たしていくことができるようにする。」と示されています。

　地域住民・保護者・学識経験者など10名程度の構成で、年に3回程度開催している学校が多いでしょう。地域の人が入っていない学校はほとんどないと思います。

> Q 保護者や地域にどこまで情報提供していいのですか。

　よほどのことがない限り、個人情報は出しません。これまでの学校は内に閉ざされていて、学校の様子を地域の人に広報するという発想が希薄でした。これからの学校は地域の人、外部の人の力も借りて学校教育を進めていく方向になっています。個人情報保護に十分配慮してできるだけ情報を提供します。

▼学校評価

> Q 評価制度というのができることが驚きだった。社会の現状を反映していると思った。

　『PDCA』『学校評価』『コミュニティスクール（学校運営協議会)』は現在の教育界のキーワードです。大学で「授業評価」をするのもこの流れの

中です。教職を目指すなら、それぞれの概要は理解しておいてください。必須です。教育基本法が改正され、教育三法が改正され、新学習指導要領が告示されました。教育を取り巻く環境は大きく動いています。

Q　PDCA が何の略なのか聞き取れませんでした。

　Plan 計画、Do 実施、Check 点検・評価、Action 更新を「マネジメントサイクル」と言います。これらの頭文字をとってPDCAと言います。これまでの学校は管理ができてもマネジメントをすることが十分でなかったため「マネジメント」が強調されています。
　採用試験を受けよう、教師になろうという人には必須の事柄です。
　文部科学省「学校組織マネジメント研修」（平成16年3月マネジメント研修カリキュラム等開発会議）は文部科学省ホームページからダウンロードでき、参考になります。

Q　学校評価をしなければいけないようになったとのことですがどのようなものなのですか。

　評価って嫌だなあ。そう思う人は多いでしょう。生徒を評価する学校の先生は評価されることを好みません。生徒を評価しても自分が評価されるなんてとんでもないと多くの先生は思っていました。したがって先生の集合体である学校が評価されることは「そんなことは無理なこと」と多くの人が思っていました。しかしそういう時代ではなくなりました。
　従来、閉鎖的であった学校が地域に開かれた学校として家庭や地域社会と連携して学校運営を進めていくことが求められるようになってきました。

1　これまでの評価
　①学校が積極的な情報開示をしようとせず、学校が積極的に提供したものでない情報で評価されていた面がありました。
　②学校は何らかの形で学校評価を行っていましたが、その内容が十分でなく、評価結果を学校改善に十分にいかすことができていない状況が

ありました。

2　学校評価における「評価」

評価の趣旨は

| 学校側　積極的に情報を提示 |
⇩
| 評価者　確かな根拠によって判断・評価 |
⇩
| 学校側　それを分析して将来の教育活動を修正　学校改善を目指す |

といったものです。こうした動きは学校に対して厳しさが増したように感じると思います。確かに、学校教育に対して保護者や地域社会の関心が高まっていますからそのことは否定できませんが、現在の学校教育は一人学校だけが頑張るのでなく学校外の人々に支援されながら豊かな教育を行なっていく方向になっています。学校評価はそのように地域の教育力を活用して教育活動を行っていく具体的な表れであると捉えるべきです。

では、その法的根拠やねらいはどのようなものなのか次に示しておきます。

▶資料

文部科学省作成の「学校評価ガイドライン〔改訂〕」平成20年1月を基に作成された兵庫県教育委員会「学校評価ハンドブック〔追補版〕」平成20年3月には次のように整理されています。

(1) 学校評価について

学校教育法・学校教育法施行規則では次のように規定されている。

学校教育法（平成19年6月26日公布、平成19年12月26日施行）

> 第42条　小学校は、文部科学大臣の定めるところにより当該小学校の教育活動その他の学校運営の状況について評価を行い、その結果に基づき学校運営の改善を図るため必要な措置を講ずることにより、その教育水準の向上に努めなければならない。

学校教育法施行規則（平成 19 年 10 月 30 日公布、平成 19 年 12 月 26 日施行）

> 第 6 節　学校評価
> 第 66 条　小学校は、当該小学校の教育活動その他の学校運営の状況について、自ら評価を行い、その結果を公表するものとする。
> 2　前項の評価を行うに当たっては、小学校は、その実情に応じ、適切な項目を設定して行うものとする。
> 第 67 条　小学校は、前条第一項の規定による評価の結果を踏まえた当該小学校の児童の保護者その他の当該小学校の関係者（当該小学校の職員を除く。）による評価を行い、その結果を公表するよう努めるものとする。
> 第 68 条　小学校は、第六十六条第一項の規定による評価の結果及び前条の規定により評価を行つた場合はその結果を、当該小学校の設置者に報告するものとする。

※これらの規定は、幼稚園、中学校、高等学校、中等教育学校及び特別支援学校等にも準用する。

(2) 学校評価のねらい

　これらの規定から学校評価のねらいは以下のように整理できる。

> ① 学校評価の取組を通して、教職員全員が、教育活動その他の学校運営の成果や課題を共有した上で、計画を立て（P）、協力して教育活動に取り組み、学校組織の活性化を図り（D）、その上で自らの取組を評価し（C）、継続的に改善に取り組む（A）。
> ② 学校評価の取組を通して、保護者、地域の方々から教育活動その他の学校運営に対する理解と参画を得て、信頼される開かれた学校づくりを一層進める。
> ③ 学校評価の結果を踏まえ、教育委員会は学校の運営等の改善の支援に努める。

(3) 学校評価の定義等

> ア【自己評価】各学校の教職員が行う評価
> イ【学校関係者評価】保護者、地域住民等の学校関係者などにより構成された評価委員会等が、自己評価の結果について評価することを基本として行う評価
> ウ【第三者評価】学校と直接関係を有しない専門家等による客観的な評価

「学校評価ガイドライン（改訂）」による

　「学校評価ガイドライン（改訂）」は文部科学省ホームページからダウンロードできます。なお、第三者評価についての検討が進められ、平成 22 年 3 月に出されました「学校の第三者評価のガイドラインの策定等に関する調査研究協力者会議」の報告「学校の第三者評価のガイドラインに盛り込むべき事項等について」等を踏まえ、平成 22 年 7 月に「学校評価ガイ

ドライン」が改訂されました。これも文部科学省ホームページからダウンロードできます。

> Q 学校評価はとても大切なことだが、親が学校を評価（批評）することによって、保護者（お客）という意識が進んでしまわないかと思いました。学校評価がどこまで進んでいるのですか。

　保護者を顧客と位置づけて論じる論文を目にするときがあります。生徒や保護者を教育の場で店と同様にお客様というのは抵抗がありますが、「教えてやる」といった上意下達式のやり方への警鐘として理解できます。学校も生徒（客）が来てくれないと成り立たないですから他校と生徒の取りあいで、保護者や地域の支持を得ない学校は衰退していきます。ですから絶えず評価を加えながら進化していかなければなりません。君の出身高校の学校評価結果をホームページで見ました。生徒、保護者、教職員が同じ項目で評価しています。これらをグラフにして見やすい形にしていました。熱心に学校評価に取り組み、その結果をホームページで公表しているのはたいへんよい取り組みであると感心しました。

> Q 学校評価の基準を知りたいです。
> Q 学校評価を第三者が学校に入り評価するのはどうかと思います。上辺評価になる部分も出てくると思うからです。

　君の母校、あるいは近隣の学校のホームページをみたら学校評価結果をアップしている学校があるでしょうから参考にしてください。年度当初の教育目標に即して学校運営の全分野にわたって教職員・生徒・保護者・地域から4段階程度の評価アンケートをとりそれをまとめています。その項目例を2つ示しておきます。
　○学校のホームページや配布プリントなどにより、学校の情報を公表し、保護者や地域住民に、学校行事等への参加を呼びかける。
　○授業はわかりやすいように工夫され、充実している。
　第三者が評価することは確かにその危惧はあります。評価者のスキルが

ないと真の評価、結果をいかせる評価にならないことが心配されます。現在、文科省で第三者評価のありかたが検討されています。

▼地域

> Q 学校行事には参加しないのに学校運営に首を突っ込む地域住民について。

　これは質問ではないのですが、気になることを書いていたので取りあげます。授業ではそのようなことは一言も言っていません。何を言おうとしているのか、何をどう考えているのか「？」です。地域の人が学校行事に参加する機会はほとんどありません。時折学校に注文をつけてくる人はいます。それはほとんどの場合学校に瑕疵があるときです。学校評議員会や学校評価の項で述べましたように、今や地域の人も学校教育に参画してもらう時代です。教育するにはすべての人の力を結集して行っていき、一人学校だけが閉ざした形で教育を行っていく時代ではありません。公立学校は税金で運営されています。地域住民も税金を払っている立場です。そのことから言っても学校に対する意見を門前払いすることはできません。前記の学校評価の項で、評価項目例として「地域への情報提供」があげられているように、学校は地域の人に対して理解と協力を求める努力をしています。公務員である教職員は全力を傾注して地域の負託に応えるべく職務遂行していく責務があります。

▼問題教師

> Q 生徒をストレスのはけ口にする先生は訴えられるのですか。
> Q 同じ学校の教員で、この人の指導はおかしいと感じたことがありますか。あればどんな教師だったのか、その人にどう対応したのかを教えてください。

　指導者としてふさわしくない、不適格ということであればお咎めを受け

るでしょう。

　おかしい教師は残念ながらいました。分かる授業をしない教師でした。例題を取りあげても説明をせず、教科書に書いていることを板書するだけといった具合です。その教師の授業があった日の終わりのSHRでは毎回その教師への不満を生徒から聞かされました。同僚の立場でもありますからその教師だけに焦点を当てるのは配慮したほうがよいと考え、全科目の授業についてアンケートをとり、生徒からの訴えをその教師に伝え改善をお願いしました。同時に校長にその実情を伝え善処をお願いしました。

▼マスコミ

> **Q**　先生は生徒の起こした問題行動の影響でマスコミへの対応をされたことがあるでしょうか。

　幸いにしてないです。
　問題行動ではありませんが、JR福知山線の脱線事故で生徒が犠牲になった学校で聞いた話です。あの直後は生徒のことで大変であったのに、報道への対応が輪をかけて大変であったそうです。生徒の安否確認や被害状況を全力で把握している最中に、まさに学校に押しかけてきて取材に応じよという態度で、生徒のことでの大変さもさることながら報道への対応に本当に消耗したとのことでした。

> **Q**　先生がなぜそれほど「マスコミが教育に悪影響を与えている」と言うのかについてもっとくわしく知りたいです。先生のマスコミに対する考え方をくわしく聞きたい。

　事実を正確に報道しない。思いこみでの報道がよくある。取材する前に予定原稿をつくっていると思えることがしばしばある。十分な取材をせず表面のみを見て本質を見ない報道をする。これらがそう思わせる原因です。ある全国紙から自分が取材を受けた時に痛感しました。もう一人の教師との対談でしたが、私の言った内容はほとんど載っていませんでした。

印刷前にゲラを見て直して欲しいと言いましたがそのまま印刷されました。
　学校が苦労していることや努力していることはあまり報道せず、揚げ足をとる内容が多く、一面的なキャンペーンを展開して読者・視聴者を煽る、売れたらよいとの社の姿勢があるとしか思えない、報道する権利があるという特権意識がある、このようなことがあると思います。マスコミは世論を操作できる立場です。一人のコメンテーターや記事が一面的・恣意的であってはなりません。

索 引

あ

アイスブレーキング　24
アスペルガー症候群　96
在り方生き方　40
アルバイト　108, 109
安全確保義務　152
生き方　4, 40, 47, 60-62, 79, 80, 108, 134-138
生きる力　29, 30, 32-35, 37, 95, 103, 108, 130, 131
いじめ　3, 23, 76-84, 96, 97
飲酒　1, 64
インターネット　27, 74, 82
インターンシップ　12, 137-139, 150
ADHD　23, 96
LD　23, 24
エンカウンター　24
大阪教志セミナー　9
親子関係　21

か

介護等体験　19, 20
ガイダンス　9, 19, 133
カウンセラー　58, 86, 91-93, 156
カウンセリング　90, 92, 93
学習指導要領　22, 23, 28-35, 39-41, 46, 108, 110, 111, 124, 125, 128, 130, 131, 163, 167
学習集団　115
学年　3, 17, 42, 89, 99, 100, 102, 104, 115-117, 120, 144, 164, 165
学年会　79
学年主任　101, 102, 106, 123, 140, 142, 147, 164, 165
学年団　99, 100, 165
学年通信　146
仮想現実　74, 75
学科改編　160, 163
学級経営　79, 115, 116, 118
学級通信　22, 61, 62, 69, 115-120, 146
学級崩壊　37, 81
学級目標　115
学校裏サイト　82
学校運営協議会　140, 166
学校改革　161, 163

学校関係者評価　169
学校教育法　43, 44, 51, 53, 59, 124, 168
学校教育法施行規則　43, 44, 57, 125, 166
学校行事　103, 170
学校サポートチーム　150
学校支援地域本部　140
学校組織　64, 164, 169
学校組織マネジメント研修　167
学校だより・学校通信　95, 146
学校づくり　159, 163, 166, 169
学校評価　30, 166-171
学校評価ガイドライン　168, 169
学校評議員会　166, 171
家庭環境　114
家庭謹慎　43-45
家庭訪問　43, 148, 149
過保護　38, 86
カリキュラム　19, 39, 134, 137
関係機関　82, 97, 147, 150, 151
神崎高等学校　23, 51, 125, 151
企画委員会　165
危機管理　106, 150, 152, 153
喫煙　42, 45, 49, 64, 142, 158
規範意識　45, 48-50, 60, 61
器物損壊　64
義務教育等教員特別手当　16
虐待　59, 86
キャリア教育　39, 40, 136, 137, 161
給料　16, 17, 113, 126, 155, 156
教育委員会　20, 35, 44, 46, 51, 98, 111, 156, 160, 162
教育課程　11, 23, 29, 30, 32, 104, 111, 161
教育基本法　124, 144, 167
教育実習　9, 10, 15, 18-20, 101, 136, 139
教育相談　89, 91-93
教育相談室　90, 91
教育目標　159, 170
教科指導力　2, 3, 5, 20
教科書　29, 32, 122, 123, 172
恐喝　64
教材　2, 14, 22, 30, 32, 102, 122-124
教材研究　3, 18, 122, 123, 164
教師集団　25, 68, 115
教科指導へのさまざまな工夫　124
教師に必要な能力　2, 162

教師の喫煙　158
教職　1, 3-6, 9, 15, 18-20, 22, 31, 35, 36, 133, 145, 167
教職教養　8, 9
教職志望動機　4
教職調整額　16, 17
教師力　2, 5, 23, 35, 71, 88
共通理解　99, 101, 160
京都教師塾　9
教養　9, 114
記録　102, 103
勤労観　109, 134, 137
クラスづくり　117, 121
グループ・エンカウンター　24, 28
クレーム　26, 52, 58, 141, 143
訓告　43, 44, 46
警察　64, 77, 82, 106, 150-152
KJ法　24
携帯電話　27, 28, 49, 74, 75, 77
傾聴　37, 93
傾聴のスキル　94
研究授業　20, 123
原級留置　142
言語活動　22, 28, 30
研修　17, 22-28, 35, 85, 96, 153, 155
公開授業　124, 126
効果的な指導　69
講師　8, 10, 11, 17, 18, 24, 127, 145, 150, 157
講師手当　17
構成的グループ・エンカウンター　23
校則　46, 48, 64, 72, 73, 146
校長　16, 17, 32, 40-47, 57, 63, 72, 94, 95, 127, 138, 142, 146, 156, 159-163, 172
校長室だより　119
校長の力　162
校内研修　22, 23
校務運営委員会　165
校務分掌　6, 17, 116, 164, 165
志　2, 4, 6, 8, 14, 163
心のケア　92, 156
個人情報　102, 153, 154, 166
個人面接　9
個人面談　3, 25, 77, 117, 118
子育て　149
コーチング　87, 93, 94, 137
国歌　40-42
国旗　40-42

子どもの成長　140, 141
個別の教育支援計画　97
個別の指導計画　96, 97
コミュニケーション　16, 22, 28, 29, 34, 74, 76, 83, 129, 144, 147
コミュニケーション能力　9, 28, 130, 132
コミュニティスクール　140, 166
懲らしめ　43-45
困難校　23, 51, 64, 67, 158

さ

採用試験　8-15, 53, 101, 129, 167
三ない運動　73
叱り方　21, 60, 69
事件　1, 46, 47, 62, 65, 68, 75, 92, 105, 153
事故　73, 109, 111, 152, 153, 172
自己実現　7
自己指導力　65
自己評価　169
自己理解　137
自殺　76, 84
自主活動　62, 104
事情聴取　25, 45
自尊感情　47, 62, 63, 108
自治活動　121
しつけ　45, 50, 60, 82, 145, 146, 148, 150
実行委員会　121
実態調査　134, 140
失敗体験　110
児童虐待　59, 60
指導体制　64, 65, 68, 99, 100, 115
指導力　5, 6, 20, 21, 23, 25, 27, 37, 88, 100, 115, 123, 155
社会人基礎力　35, 36, 37
社会体験　132
修学旅行　1, 32, 104-106
就業体験　109, 139
習熟度授業　124
集団面接　9
授業　3-6, 12, 14, 15, 17-19, 21, 22, 25-27, 30, 32, 34, 36, 39, 40, 52, 54, 56, 57, 61, 68, 70, 85, 89, 99, 103, 113, 115, 116, 118, 122-127, 161, 163, 170, 172
授業規律　57, 99
授業評価　166
取材　172

出席停止　44, 51, 52, 58
小中一貫　128
SHR　41, 116, 119, 121, 172
少人数授業　124
情熱　2, 3, 5-7, 21, 36
情報交換　74, 78, 80, 82, 100, 126, 164
情報収集　102
情報提供　82, 146, 166, 171
将来像委員会　160
職業観　109, 134, 137
職場体験　108
ショートエクササイズ　24
初任　5, 7, 14, 21, 64, 96
初任給　16
処分　43-47, 51, 58, 59, 81
人権　23, 51, 54, 58, 78
信頼関係　56, 58, 78, 115, 146
進路指導　40, 89, 132-137
進路選択　133, 139
進路相談　137
スキルアップ　27, 69
スクールカウンセラー　92
ストレス　23, 37, 90, 154, 156-158, 171
生育歴　2, 86, 148
生活集団　115
生活態度　50
成功体験　110
性行不良　51, 64
精神科医　92, 99, 150, 151
精神疾患　7, 14, 151, 154, 156, 157
正当防衛　58
生徒会　103, 107, 116, 120, 145
生徒会活動　37
生徒指導　23-25, 42, 45, 52, 60-64, 66, 68, 89, 91-93, 99, 101, 102, 104, 146, 147, 150, 155, 160, 161
生徒指導体制　60, 91, 161
生徒指導部　164
生徒指導力　2, 155
生徒理解　25, 87, 88, 161
制服指導　72
責任感　2, 37, 107, 111
ゼロトレランス　50, 51, 56, 69
先輩教師　6, 26, 116, 140
早期解決　79, 101
早期相談　101
早期対応　78, 101

早期発見　78, 80
総合的学習の時間　136
組織運営　99
組織的実践力　25
ソーシャルスキル　27
育てる生徒像　79, 159, 161

た

退学　42-47
体験　10, 15, 19-21, 24, 25, 28, 33, 37, 38, 71, 75, 76, 103, 105, 107-110, 132, 139, 143
体験学習　108
体験活動　20, 47, 107-109
第三者評価　169-171
対人関係　9, 33
耐性　86
体罰　7, 23, 43, 45, 52-59, 66
達成感　38
担任　1, 5, 6, 11, 26, 39, 41, 45, 46, 61, 65, 69, 79-81, 87, 88, 91, 98-100, 102, 103, 114-121, 126, 142, 145, 164
地域　25, 26, 30, 32, 39, 40, 45, 108, 109, 140, 144, 145, 150, 154, 159, 166-169, 170, 171
地域社会　36, 167, 168
地域住民　144, 166, 169, 170, 171
地域性　153
地域手当　16
知識基盤社会　130, 131
知的障害　92, 94-96, 99
中央教育審議会　31, 33, 34, 36, 92, 130
懲戒　42, 43, 46, 47, 52-55, 57, 59, 65, 82, 93
創る学校像　159, 161
出会い　24
停学　12, 43-45, 46
定時制高校　85, 96
TT（ティームティーチング）　23, 124
道徳　30, 31, 33
特別活動　30, 33, 85, 103, 106, 120
特別支援学校　6, 17, 20, 31, 77, 80, 94-98, 130
特別支援教育　94-97
特別指導　43, 44, 62, 142
友達親子　144
友達教師　21, 66

な

ニート　134
人間関係　9, 24, 27, 28, 67, 74, 77, 78, 81, 83, 89, 112, 113, 131, 135, 143, 148
人間関係力　2, 15, 34
人間性　2, 33, 63, 64, 88, 114
人間力　2, 5, 8, 25, 33–37, 71, 88
忍耐力　34, 38, 67, 130
ネット　9, 75, 81, 82, 146, 148, 161
年間指導計画　32

は

バースデイチェーン　24
発達障害　24, 92, 96, 98, 99, 151
発問　21, 22, 25, 124, 125
板書　21, 124, 172
非行　49, 110, 151
PISA調査　131
PTA　48, 73, 107, 140, 144–147
PDCA　166, 167
開かれた学校　166, 167, 169
部活動　3, 6, 7, 11, 15, 17, 28, 30, 35–38, 55, 56, 62, 77, 87, 88, 103, 107, 109–114, 132, 161
部活動手当　113, 114
福岡県立城南高等学校　161
部と委員会　165
不登校　58, 85, 86, 92
フリーター　134
プレゼンテーション能力　138
ブログ　82
プロバイダ　82
偏差値　133, 134, 136, 155
報道　99, 141, 151, 172, 173
暴力　56, 64, 84
暴力行為　83
ホウレンソウ　25, 59, 100
保健室　90, 91
保護者　3, 25–27, 42, 45, 48–52, 58, 60, 66, 79, 80, 82, 84, 86, 92, 95, 97–99, 104, 105, 108, 136, 138, 140–148, 154–156, 159, 166, 168–170
保護者との連携　144, 145
ボランティア　10, 20, 62, 97, 107, 109, 145, 154

ま

マスコミ　172, 173
マネジメントサイクル　167
万引き　105
民間人校長　163, 164
メラビアンの法則　29
メール　3, 29, 74–77, 82
面接　8, 10, 27, 137
面談　22, 26, 40, 78, 87, 89, 90, 102, 117, 135, 137, 145
模擬授業　8, 15
モンスター・ペアレント　140, 141, 144
問題教師　171
問題行動　12, 25, 42–47, 49, 50, 52, 53, 60, 61, 64, 65, 81, 90, 93, 99, 100, 104, 108, 143, 151, 152, 172
問題生徒　65, 82, 151

や

薬物　49, 50, 150
役割演技　25
破れ窓理論　51, 69
やりがい　1, 58, 61, 64, 107, 109, 113, 115, 155
やる気　8, 38, 122, 134
友人関係　27, 83, 89
養護教諭　90, 91
予防的な生徒指導　61

ら

離職　132
離職率　132, 136
リーダー　22, 102, 104, 112, 115, 117, 119, 121
リーダーシップ　117, 160
連携　25, 45, 97, 100, 127, 138, 140, 144, 145, 147, 150, 151, 154, 156, 166, 167
ロールプレイング　8, 23, 25–27

わ

分かる授業　2, 3, 122, 161, 172

おわりに

　学校は怖い、教師はしんどいと言う学生が数多くいます。確かにいじめ、ネット、保護者からの無理難題など問題が山積し、時代の変化に伴って新たな課題が増える傾向にあります。学校の変革が叫ばれ、教師の意識改革が求められています。教育は未来を担う人間を育てる仕事です。確かに教師は指導力のみならず人間性を問われる大変な仕事です。「どのような人間に育てたいか」「どのような学校を創りたいか」強い情熱、教育の専門家としての確かな力量、総合的な人間力が必要です。

　「教師として務まるか」不安を抱えている君、どうか懸命に勉強をして自ら求めて多くの体験をしてください。大変だけれど、大変だからこそ、教師はやりがいがある仕事なのです。多くの教師がそのやりがいを支えに頑張っています。君が彼らの後に続き、そして追い越していくことを願っています。君が思う『教育のプロ』になってください。

　最後になりましたが、関西学院大学教職教育研究センターの皆様にはご協力や激励をいただきましてたいへん感謝しております。

　また、出版の機会を与えてくださいました関西学院大学出版会並びに編集でお世話になりました田中直哉統括マネージャーと松下道子さんに心から感謝申し上げます。

　　　平成 22 年 6 月

　　　　　　　　　　　　　　　　　　　　　　　　　有　道　　雅　信

著者略歴

有道　雅信（ありみち・まさのぶ）

1943年10月8日生まれ
1967年3月　高知大学文理学部理学科地学専攻卒業（理学士）
1998年4月　兵庫県立こやの里養護学校校長
2001年4月　兵庫県立三木東高等学校校長
2004年4月　兵庫県教育委員会生徒指導担当嘱託員（2007年まで）
2006年9月　阪南大学非常勤講師（現在に至る）
2007年4月　兵庫県教育委員会職員相談員（2009年まで）
　　　　　　兵庫県公立高等学校退職校長会事務局長（2009年まで）
2009年4月　関西学院大学非常勤講師（2010年まで）
2010年4月　日本教育経営学会研究推進委員会研究協力者（2012年まで）

教職って？　学校って？
教師を目指すあなたに　学生の質問に答える

2010年9月30日初版第一刷発行

著　者　有道雅信

発行者　宮原浩二郎
発行所　関西学院大学出版会
所在地　〒662-0891
　　　　兵庫県西宮市上ケ原一番町1-155
電　話　0798-53-7002

印　刷　大和出版印刷株式会社

©2010 Masanobu Arimichi
Printed in Japan by Kwansei Gakuin University Press
ISBN 978-4-86283-071-5
乱丁・落丁本はお取り替えいたします。
本書の全部または一部を無断で複写・複製することを禁じます。
http://www.kwansei.ac.jp/press